Route 66

Ken Chowanetz

W0049654

GU GRÄFE UND UNZER

Ein Traum wird wahr: einmal mit einem Cadillac im 50er Jahre-Diner vorfahren

INHALT

Willkommen auf der Route 66

Die Route 66 erleben

Sehenswerte Orte und Ausflugsziele

Entlang der Route 66

Wichtige Informationen

Karten und Pläne
Route 66: Karte I, Karte II, Karte III: Klappe vorne; Route 66:
Karte IV: Klappe hinten; St. Louis: Umschlag Rückseite; Santa Fe:
S. 37; **Amarillo**: S. 42; **Chicago**: S. 48; **Los Angeles**: S. 58

Get Your Kicks On Route 66: Der Highway ist mehr als nur eine Straße. In den letzten siebzig Jahren bildete sich um ihn ein einzigartiger Mythos.

Route 66 – allein der Name der berühmtesten Straße der Welt läßt einen kompletten Film im Kopf ablaufen: schnurgerade Pisten, ein 59er Chevy, Sonnenuntergänge in der Wüste, riesige Truck-Stops, verwitterte Neonschilder, endlose Weiten. Kein anderer Highway weckt solche Sehnsüchte wie die erste ununterbrochene Verbindung zwischen der Metropole Chicago und Los Angeles, der Riesenstadt am Pazifik.

Natürlich läßt sich die Route 66 auch emotionslos in Stichworten beschreiben: Start am Jackson Boulevard in Chicago, 2448 Meilen lang, Verlauf durch die acht US-Bundesstaaten Illinois, Missouri, Kansas, Oklahoma, Texas, New Mexico, Arizona und Kalifornien, Ende am Pier von Santa Monica bei Los Angeles. Eine dermaßen nüchterne Betrachtung wird jedoch dem Mythos, der sich rund um die berühmte Straße gebildet hat, nicht einmal ansatzweise gerecht.

John Steinbeck nannte die Route schlicht »Mother Road«, im Bewußtsein vieler Amerikaner

In Arizona durchfährt man das Land der Apachen, Hopi und Navajo

hat sich der Titel »Main Street of America« – Hauptstraße Amerikas – festgesetzt. Bereits 1926, zu einer Zeit, als in anderen Ländern Autos noch als exotische Gefährte galten, ermöglichte die Route den mobilitätsvernarrten Amerikanern eine Reise von Chicago nach Los Angeles, ohne unterwegs die Straße wechseln zu müssen.

Einst eine Reise voller Strapazen

Die Reise führte durch die Wüste, über kurvige, ungesicherte Bergpässe und mitunter Hunderte von Meilen durch unwirtliches Land ohne Restaurant, Tankstelle oder Motel. Viele Route-Reisende nahmen die Strapazen ohnehin nicht freiwillig auf sich. Während der Weltwirtschaftskrise und nach den verheerenden Dürrekatastrophen war die »66« in den 30er Jahren gleichermaßen die Rettungsleine, die den Weg aus den ökonomisch besonders gebeutelten Midwest-Staaten ins vermeintlich gelobte Land Kalifornien wies.

»California or bust« hatten sich manche der verzweifelten Route-Reisenden auf ihre klapprigen Autos gemalt. Viele von ihnen erreichten ihr Ziel nie. John Steinbeck setzte den zu allem entschlossenen Go-West-Fahrern mit »Grapes of Wrath« – Früchte des Zorns – ein literarisches Denkmal. Die Geschichte der Farmer-Familie Joad aus Oklahoma gehört noch heute ins Handgepäck jedes 66-Touristen.

Skurrile Originale gibt es für alle zu sehen, die mit offenen Augen auf der Route 66 reisen

Die Straße der Sehnsucht

Der Mythos, der sich in den 30er und 40er Jahren rund um die Route bildete, wurde in den Folgejahren zum Selbstläufer. Bereits 1946 erschien der erste Reiseführer zur Strecke mit der Schnapszahl. Das Buch von Jack Rittenhouse liegt auch heute noch in den Regalen der Souvenirshops – natürlich nachgedruckt, aber bewußt nicht aktualisiert. Und dann kam Bobby Troup. Den Musiker inspirierte die Reise auf der Straße der Sehnsucht zu einem Song, der in der Refrain-Zeile das besondere Mother-Road-Feeling auf den Punkt bringt: »Get Your Kicks on Route 66«. Von den Andrews-Sisters über Nat King Cole bis zu den Rolling Stones versuchte sich jeder an dem Stück, das inzwischen ebenso ein Klassiker ist wie die darin besungene Straße.

Trotz einer eigenen Fernsehserie in den 60er Jahren begann der Stern der Route 66 langsam, aber sicher zu sinken. Interstates, kreuzungsfreie Autobahnen, machten den Weg von den Großen Seen zum Pazifik kürzer, bequemer und schneller. Wer es sich leisten konnte, nahm ohnedies das Flugzeug, mit dem die Strecke in vier Stunden statt in vier Tagen zu schaffen war. Den vermeintlichen Todesstoß versetzte Ronald Reagan der berühmtesten Straße der Welt. Als unter seiner Regierung 1985 das letzte Stück einer durchgehenden Interstate-Verbindung fertiggestellt wurde, verlor die Route ihren Highway-Status. Von Illinois bis Kalifornien verschwanden die Straßenschilder mit der legendären »66«. Die Mother-Road wurde zerstückelt, umbenannt, zur Zulieferstraße der Interstate degradiert, vergessen. Die Main Street of America, die jahrzehntelang Geschichte gemacht hatte, war plötzlich selber Geschichte. Dead End.

Der Mythos lebt weiter

Dead End? Mitnichten. Überall im Land tat sich Erstaunliches. Route-66-Vereinigungen gründeten sich, gaben Fan-Zeitschriften heraus, pflegten Teilstücke der vergessenen Straße und hielten den Mythos am Leben. Die Anstrengungen zeigten Wirkung: Zwar wurde die »66« nie wieder zum durchgehenden Highway von Chicago nach Los Angeles und schon gar nicht wieder zur Hauptstraße Amerikas, immerhin ist sie aber ein beliebtes nostalgisches Reiseziel für Touristen aus

LESETIP

Legen Sie zusätzlich zu diesem Buch erstens einen aktuellen Straßenatlas auf den Beifahrersitz (z. B. **Rand McNally Road Atlas**, 8,95 $), zweitens einen Routenführer, der sich ausschließlich auf die Streckenführung der »66« konzentriert und nicht auf die Sehenswürdigkeiten am Rande. Bei unseren Fahrten hat uns das nur in englischer Sprache vorliegende **A Guidebook to the Mother Road** (ISBN 0-9641457-0-7) hervorragende Dienste geleistet. In Form eines Tour-Buchs beschreiben die Autoren Bob Moore und Patrick Grauwels auf die Zehntel-Meile genau, wann wo abgebogen werden muß, um auch ja jedes Originalstück Route mitzubekommen.

Ende des 19. Jahrhunderts wurden in Chicago die Wolkenkratzer »erfunden«

aller Welt geworden. Viele Restaurants, Truck-Stops und Motels, an denen schon die Route-Reisenden der 30er Jahre vorbeigekommen sind, existieren noch heute, werden in zweiter oder dritter Generation als Familienbetriebe geführt. Andere Etappenziele, die sich früher vor Kunden nicht retten konnten, sind verlassen und warten seit Jahrzehnten erfolglos auf neue Besitzer. Diese Zeitreise mit dem ständigen Wechsel von lebendiger Nostalgie und morbidem Charme macht den Reiz einer Route-Tour aus.

Ein anderes Amerika kennenlernen

Die Fahrt von Chicago nach Los Angeles ist aber mehr als das. Immerhin erstreckt sich die Mother Road in Ost-West-Richtung über zwei Drittel eines riesigen Kontinents. Es gibt wohl keine bessere Möglichkeit, die Vereinigten Staaten von Amerika besser kennenzulernen und zu verstehen als bei einer solchen Reise. Die Menschen, die an der berühmten Straße wohnen, verzichten glücklicherweise darauf, sich auf Touristen einzustellen.

Nepp ist auf der »66« in aller Regel ein Fremdwort – ein erfreulicher Unterschied zu Hochglanz-Metropolen wie New York, San Francisco oder Miami. Mit jeder Meile reift zudem die Erkenntnis, das es den Amerikaner an sich nicht gibt. Die Menschen entlang der Route sprechen zwar dieselbe Sprache, sie sind aber trotzdem so unterschiedlich wie Norweger und Spanier.

Da gibt es in Illinois den quirligen Chicagoer, in Oklahoma den behäbigen und dabei unendlich

Wer diesen Schildern folgt, begibt sich auf eine Zeitreise der besonderen Art

freundlichen »Okie« (wie er sich selber nennt) und in Texas den selbstbewußten Rancher, der nur selten seinen Hut abnimmt und überhaupt davon überzeugt ist, daß die Welt an den Grenzen des Südstaates aufhört. Nirgendwo sind die Menschen so naturverliebt wie in New Mexico, dem – so das Bundesstaatmotto – Land der Verzauberung, nirgendwo so ansteckend fröhlich und »easygoing« wie in Kalifornien.

Die Szenerie ändert sich täglich

Auch landschaftlich läßt sich die Strecke von Chicago nach Los Angeles nicht über einen Kamm scheren. Tag für Tag ändert sich die Szenerie. Auf die »grünen« Bundesstaaten Illinois und Missouri folgt das nur vermeintlich unwirtliche Oklahoma mit seiner charakteristischen roten Erde, dann der Erdöl- und Rinderstaat Texas und anschließend das karge und scheinbar unendlich weite New Mexico. Der Grand-Canyon-State Arizona überrascht abwechselnd mit sattgrünen Pinienwäldern und mit Felsformationen, so gigantisch, daß der Atem stockt. Der »Sunshine State« Kalifornien schließlich wartet mit einer einzigartigen Naturschönheit auf, der Mojave-Wüste, bevor Orangen- und Erdbeerplantagen signalisieren, daß das Ende der Reise nah ist.

Schließen Sie also kurz die Augen, denken Sie an Road Movies wie »Easy Rider« oder »Thelma and Louise«, und wenn Sie jetzt das Fernweh packt, sind Sie der richtige Kandidat für eine Amerikareise, die Sie niemals vergessen werden. Get your kicks on Route 66!

Nostalgiker werden bei Route 66 Antiques (L7) in Texas fündig

Obwohl die Route – natürlich – keine Einbahnstraße ist, wäre es historisch falsch, die Reise anders als vom Osten aus zu beginnen.

99 Prozent aller »Routies« starten in Chicago und beenden die Reise in Santa Monica. Vorausgesetzt, Sie bringen Wagen oder Motorrad nach der Route-Tour nicht wieder nach Chicago zurück, sollten Sie daher bereits in Deutschland einen Gabelflug buchen, also einen Hinflug nach Chicago und einen Rückflug ab Los Angeles. Die meisten Fluggesellschaften bieten diese Möglichkeit.

Chicago und Los Angeles werden von Europa aus von zahlreichen europäischen und amerikanischen Airlines nonstop angeflogen. Der Konkurrenzkampf ist groß, trotzdem sind die Jets auf diesen »Rennstrecken« häufig ausgebucht. Buchen Sie deshalb so früh wie möglich. Wer nicht an Schul- oder Werksferien gebunden ist, kann mit der Wahl des Reisetermins zusätzlich Geld sparen. Flüge in die USA sind außerhalb der Hauptreisezeit (Mitte Juni bis Ende August) generell einige hundert Mark billiger als zur Hochsaison. Wichtig: Für den Ticketpreis ist der Abflugtag maßgeblich.

Das futuristische Restaurant ist das Wahrzeichen von Los Angeles´ Flughafen

Chicago – O'Hare

Chicagos O´Hare-Flughafen gilt als der größte der Welt, neben dem selbst europäische Mega-Airports wie London-Heathrow oder Frankfurt verblassen. Trotzdem ist O´Hare sehr übersichtlich und passagierfreundlich aufgebaut. Nach der Ankunft bringen Sie Shuttle-Busse kostenlos zum gebuchten Flughafen-Hotel oder zur Autovermietung. Für Fahrten in die Stadt stehen Taxis und Shuttle-Dienste zur Verfügung.

Etwas umständlicher, dafür aber billig, ist die Fahrt mit dem Zug. Achten Sie im Flughafengebäude auf das Zeichen »CTA Trains to City«. Die Züge des Continental Air Transport brauchen etwa eine Stunde bis ins Stadtzentrum. Das Einzelticket kostet 1,50 $. Von der Benutzung dieser Zugstrecke in der Dunkelheit wird abgeraten.

Los Angeles – LAX

Auch LAX, der internationale Airport von Los Angeles, gehört zu den geschäftigsten Flughäfen der Welt. In aller Regel sorgt das aber nicht für Probleme, da Sie von der Autovermietung oder dem Flughafenhotel aus zum Terminal gebracht werden. Sollten Sie am Airport von Los Angeles Schwierigkeiten haben, den genauen Standort Ihrer Autovermietung zu finden, fahren Sie zu einem der Terminals und folgen von dort dem passenden Shuttle-Bus. Wenn Sie sich zum Terminal bringen lassen, nennen Sie dem Fahrer die Fluggesellschaft, mit der Sie reisen.

Planen Sie genügend Zeit ein: Sie sollten etwa vier Stunden vor Abflug auf dem Flughafengelände sein, falls Schwierigkeiten, zum Beispiel bei der Rückgabe des Wagens, auftauchen.

DER BESONDERE TIP

Graumarkt-Tarife Zusätzlich zu den in Prospekten veröffentlichten Preisen haben die meisten Reisebüros Zugriff auf sogenannte Graumarkt-Tarife. Es handelt sich bei den teilweise um mehrere hundert Mark reduzierten Tickets nicht um Angebote aus der Grauzone der Reisebranche, sondern um Preisreduzierungen, mit denen die Airlines ihre Flugzeuge besser füllen oder Marktanteile gewinnen wollen. Allgemein sind Graumarkt-Tickets schneller vergriffen als Flugscheine, die zu den offiziellen Sondertarifen (z. B. Holiday oder Holiday-Spezial) angeboten werden.

Die Entfernung, die Sie auf der Route 66 zurücklegen, ist etwa so groß wie die Strecke von Madrid nach Moskau. Intensive Planungen sind deshalb notwendig.

Zunächst gilt es, die passende Reisezeit zu wählen. »Routies« empfehlen beinahe jeden Monat des Jahres, vielleicht mit Ausnahme der Zeit von Mitte Juni bis Ende August. In dieser Zeitspanne wird es mit bis zu 45 Grad Celsius beinahe unerträglich heiß. Selbst im Mai oder September herrschen zwischen Albuquerque und Los Angeles nach europäischen Maßstäben hochsommerliche Temperaturen, während es von Chicago bis nach Texas hinein lediglich angenehm warm sein sollte.

Die zweite Frage ist die nach der Reisedauer. Theoretisch läßt sich die Strecke in einer Woche schaffen. Um die Route richtig zu genießen und um in die einzigartige Atmosphäre einzutauchen, sollten mindestens drei Wochen zwischen der Ankunft in Amerika und dem Rückflug liegen.

Vorbereitung ist wichtig

Reservieren Sie von Deutschland aus möglichst nur die Hotels für die erste und die letzte Nacht. So bleiben Sie bei der Einteilung der

Cool mit Bandanna und Sonnenbrille: wie einst Peter Fonda in »Easy Rider«

Tagesetappen flexibel. Denn für 200 Meilen auf der Route brauchen Sie vielleicht nur vier Stunden, vielleicht aber auch den ganzen Tag. Seit 1984 gibt es keinen durchgängigen Highway mit der Nummer »66« mehr. Nur noch 80 Prozent der Original-Strecke sind heute befahrbar, und immer das richtige Streckenstück zu finden, ist Pfadfinderarbeit. Erschwerend kommt hinzu, daß es mitunter drei verschiedene Stücke der Mother Road gibt: die »Old-Old-Route« aus den zwanziger Jahren, eine neuere Version sowie die heute benutzte Straße.

Verfallen Sie nicht dem Ehrgeiz, jede verbliebene Meile der Original-Route zu befahren. Selbst erfahrene »Routies« biegen mitunter auf die Interstate ab, bevor sie sich mitten im Nichts auf einem längst aufgegebenen Teilstück der Route verzetteln. In jedem Fall sollten Sie davon ausgehen, daß Sie auf der 2500 Meilen langen Strecke zwischen Chicago und Los Angeles 500 bis 1000 Extrameilen dazurechnen müssen.

Das Auto als zweites Zuhause

Bei der Automiete kommen einige Hürden auf Sie zu. Reservieren Sie Ihr Gefährt am besten über einen großen Reiseveranstalter bereits in Deutschland. Bei den deutschen Tarifen ist ein der Vollkasko vergleichbarer Versicherungsschutz (LDW – Low Damage Waiver oder CDW – Collision Damage Waiver) enthalten.

Diese Versicherung kostet bei einer Direktbuchung in Amerika etwa zehn Dollar pro Tag.

Größtes Problem bei der Wagen-Reservierung ist die **Rückführungsgebühr** bei Einwegmieten, die inzwischen alle großen Autoverleiher verlangen. Bei einer Anmietung in Chicago und Abgabe des Wagens in Los Angeles beträgt diese Gebühr zwischen 500 und 600 $. Bedenken Sie vor allem, daß der Wagen für Sie in den kommenden Wochen so etwas wie ein zweites Zuhause wird. Er sollte deshalb richtig dimensioniert sein: Ein »compact car« ist trotz seines Namens mindestens so groß wie ein Golf, in einem »Full-size«-Auto finden vier Personen samt Gepäck Platz, ein Wagen der »Luxury«-Größe macht dem Namen alle Ehre. Unverzichtbare Ausstattung Ihres Autos sollte eine Klimaanlage und ein Tempomat (»cruise control«) sein. Wenn Ihnen der Wagen bei der Übernahme zu klein vorkommt, können Sie zu diesem Zeitpunkt üblicherweise für einige Dollar pro Tag ein »Upgrade«, eine Hochstufung bekommen.

Notieren Sie sich die meist kostenfreie Notfallnummer Ihres Autoverleihers. Auch wenn es vielleicht billiger wäre: Mieten Sie Ihr Auto nicht bei einer kleinen Rent-A-Car-Firma. Nur die großen Unternehmen betreiben ein flächendeckendes Filialnetz. Zum Beispiel **Alamo** (Telefonnummer für Anrufe innerhalb der Vereinigten Staaten: 1-800-327-9633, Zentralreservierungsnummer in Deutschland: 01 30/82 44 22),

WILLKOMMEN AUF DER ROUTE 66

Avis (1-800-831-2847; 01 80/ 5 55 77), **Budget** (1-800-527- 0700; 0 89/66 69 50), **Dollar** (1-800-433-4162) **Hertz** (1-800- 654-3131; 01 80/5 33 35 35) oder **Thrifty** (1-800-367-2277). Übrigens: Auch wenn Sie die Mietgebühr bereits in Deutschland bezahlt haben, verlangen alle Autofirmen die Vorlage einer Kreditkarte als Sicherheit.

Kleines Straßen-ABC

Straßen sind, ihrer Wertigkeit nach, hauptsächlich eingeteilt in **Interstates** (kreuzungsfreie Autobahnen, Abkürzung I), **Business Roads** (Umgehungsstraßen), **US-Highways** (Fernstraßen, US) und **State Roads** (SR). Ungerade Nummern sind für Straßen reserviert, die in Nord-Süd-Richtung verlaufen, gerade Nummern für Straßen mit Ost-West-Erstreckung.

Unter oder über den Straßenschildern steht, in welche Richtung man unterwegs ist (z. B. 66-West). Autobahnabfahrten sind entsprechend dem Meilenabstand zur Staatsgrenze durchnumeriert, zwischen Exit 32 und Exit 44 liegen also zwölf Meilen, und nicht, wie in Deutschland üblich, zwölf Abfahrten.

Seitdem das staatliche Geschwindigkeitslimit in Amerika aufgehoben wurde, liegen die **Höchstgeschwindigkeiten** auf Interstates außerhalb von Ballungsgebieten meist bei 65 bis 75 Meilen pro Stunde (miles per hour/mph, 104 bis 122 km/h), auf den übrigen Straßen gilt außerhalb geschlossener Ortschaften 55 Meilen pro Stunde als Tempolimit (88 km/h). Innerorts dürfen je nach Beschilderung 25 mph (40 km/h) oder 35 mph (56 km/h) nicht überschritten werden, in der Nähe von Schulen

DER BESONDERE TIP

Fanclub Wenn Sie sich besonders gut vorbereiten wollen, nehmen Sie rechtzeitig vor Beginn Ihrer Tour Kontakt mit der »National Route 66 Association« (P. O. Drawer 5323, Oxnard, Ca. 93031, USA) auf. Die dort ehrenamtlich tätigen Mitarbeiter versorgen »Routies« in aller Welt gegen geringe Gebühren mit aktuellen Infos, zum Beispiel über derzeit geschlossene Teilstücke oder 66-bezogene Feste entlang der Strecke. Die »Route 66 Association«, die Untergruppen in allen Mother-Road-Bundesstaaten hat (Adressen → »Die Route 66 von A bis Z«), freut sich über neue Mitglieder. Vielleicht gefällt Ihnen der Urlaub auf der berühmten Straße ja so gut, daß Sie beitreten wollen (einmalige Gebühr: 20 $).

sind die Temporegeln noch rigoroser.

Besonders bei **speeding** auf Highways wird es teuer. Die Bußgelder erreichen schnell dreistellige Beträge. Noch kostspieliger ist es, Müll oder Zigarettenkippen aus dem Autofenster zu werfen. Selbst ohne das allgegenwärtige Warnschild »No Littering« sind hier schnell 500 oder 1000 $ fällig. Außerdem ist es streng verboten, im Fahrzeuginneren alkoholische Getränke aufzubewahren oder gar zu trinken. Sie gehören in den Kofferraum. Wenn Sie im Rückspiegel direkt hinter Ihrem Auto einen Polizeiwagen mit eingeschaltetem Blaulicht sehen, fahren Sie bei nächster Gelegenheit rechts heran. Bleiben Sie im Wagen sitzen, bis Sie der Officer auffordert, auszusteigen.

Beachten Sie die Verkehrsregeln

Auf den Straßen gilt wie in Deutschland »rechts vor links«. An Kreuzungen mit dem Zusatz »4-Way-Stop« oder Einmündungen mit dem Schild »3-Way-Stop« sind alle Verkehrsteilnehmer haltepflichtig. Weiter geht´s in der Reihenfolge der Ankunft an der Kreuzung oder bei Staus im Uhrzeigersinn.

Parken Sie nicht direkt vor Hydranten oder in »Tow-away Zones« (Abschleppzonen). Hier abgestellte Autos werden schnell und teuer entfernt. Das Schild »No Parking any Time« oder farbige Bordsteinkanten markieren Parkverbotszonen. Die gelben Schulbusse dürfen, wenn sie stehen, weder überholt noch aus der Gegenrichtung passiert werden.

Schnelle Pannenhilfe

Mitglieder des deutschen ADAC bekommen beim größten amerikanischen Automobilclub (American Automobile Association, AAA), der Filialen in allen größeren Städten betreibt, kostenlos Kartenmaterial und Heftchen zu den einzelnen Bundesstaaten, unter anderem mit Tips zu Sehenswürdigkeiten und Übernachtungsmöglichkeiten. Sollten Sie unterwegs eine Panne haben, hilft Ihnen Ihre Autovermietung oder AAA unter der Rufnummer 1-800-AAA-HELP (1-800-222-43 57) weiter oder bitten Sie um Hilfe, indem Sie rechts ranfahren und die Motorhaube hochklappen. Sollten Sie ein entsprechend markiertes Auto sehen, halten Sie nicht an, sondern informieren in der nächsten Ortschaft die Polizei. Zu guter Letzt: Der Benzinpreis liegt derzeit zwischen 1 und 1,40 $ und bezieht sich auf eine Gallone (3,78 Liter). Achten Sie darauf, stets **unleaded** (bleifrei) zu tanken. Die meisten Autos kommen mit **regular** (Normalbenzin) zurecht, nur Autos der »Luxury«-Klasse sollten mit **supreme** (Super) betankt werden. Bei Zapfsäulen, die den Aufdruck ›Pay Cashier first« tragen, müssen Sie an der Kasse ein Pfand hinterlegen, bevor die Benzinpumpe eingeschaltet wird.

n wohl keinem anderen Land der Welt gibt es so viele Hotels und Motels wie in den USA. Entsprechend einfach bekommen Sie auch abends noch ohne Reservierung ein Zimmer.

Die Zimmerpreise sind in Amerika in aller Regel unabhängig von der Anzahl der übernachtenden Personen, gelegentlich zahlen Sie einen Aufpreis, wenn ein dritter und vierter Gast die Räumlichkeiten nutzen. Viele Hotels und Motels bieten die Möglichkeit, zwischen großen und kleineren Betten (King Size/Queen Size) sowie zwischen einem oder zwei Betten im Zimmer zu wählen. Auch kann es vorkommen, daß man Ihnen ein Nichtraucherzimmer anbietet).

Generell unterschieden wird zwischen Hotels und Motels. Letztere sind überwiegend für Autoreisende konzipiert, man kann mit dem Wagen meist direkt bis vor das Zimmer fahren.

In vielen Fällen erwarten Motel-Manager die Bezahlung für das Zimmer im voraus, morgens muß dann der Schlüssel nur in den Briefkasten an der Rezeption geworfen werden. Motels sind in aller Regel praktisch, wenn auch nicht luxuriös eingerichtet. Natürlich dürfen im Zimmer Fernseher und Telefon nicht fehlen. Zu den Motel-Anlagen gehört üblicherweise ein Swimmingpool, manchmal auch ein Waschraum mit Münz-Waschmaschinen und -Trocknern. Entweder Sie probieren einige der preiswerten traditionsreichen Einzelmotels (20 bis 50 $ pro Zimmer) entlang der Route aus, oder Sie verzichten auf dieses spezielle Route-Fee-

»Vacancy«: günstige Motelzimmer zu finden ist kein Problem

ling, gehen auf »Nummer sicher« und vertrauen sich jeden Abend aufs neue einer Motel-Kette an. Der Standard dieser landesweit vertretenen Herbergen, von denen **Motel 6** und **Super 8** die bekanntesten sind, ist immer gleich.

Hotels mit Komfort

Hotels bieten eine gegenüber Motels komfortablere Art der Übernachtung. Auch hier müssen Sie zwischen einzeln geführten Häusern und Betrieben, die einer landesweiten Kette angeschlossen sind, unterscheiden. Zu den bekanntesten Hotel-Konzernen gehören **Hilton**, **Hyatt**, **Marriott** und **Ramada**, **Best-Western** und **Howard Johnson**. Die Preise sind dank des günstigen Dollar-Kurses erschwinglich, fragen Sie bei der Reservierung außerdem immer nach **special offers** (Sonderangebote). So sind in Städten die Hotelzimmer am Wochenende, wenn die Geschäftsreisenden ausbleiben, oft um 50 Prozent oder mehr im Preis reduziert.

In jüngster Zeit setzt sich in den USA ein neuer Herbergen-Typ durch, das **Suite-Hotel**. Die Zimmer sind geräumiger, meist gibt es sogar zusätzlich ein kleines Wohnzimmer. Die Suiten verfügen oft über Kühlschrank, Mikrowellenherd, manchmal sogar über einen Videorekorder. Das Management lädt nicht nur zum kostenlosen Frühstück, sondern mitunter auch zu kostenlosen Cocktails am frühen Abend ein.

Wenn Sie vorhaben, öfter in Häusern einer bestimmten Kette zu übernachten, fragen Sie, ob es ein **discount program** gibt. Ähnlich den Vielfliegerprogrammen vieler Airlines bieten auch Hotels und Motels Stammkunden Vergünstigungen wie bessere Zimmerkategorien, Sonderpreise oder sogar kostenlose Übernachtungen.

Camping als Alternative

Eine interessante Alternative zu Hotel oder Motel sind die **campgrounds** (Campingplätze), von denen viele entlang der Route auf Gäste warten. Selbst wenn Sie kein Zelt im Gepäck haben, kann Ihnen geholfen werden. **Cabins** (Holzhütten) bieten bis zu vier Schlafplätze bei Preisen um die 30 $. Bettwäsche muß mitgebracht werden.

KOA, die größte amerikanische Campingplatz-Organisation, bringt jährlich einen Prospekt mit allen Anlagen heraus:

Kampgrounds of America, Executive Offices, Billings, MT 59114-0558. KOA bittet, dem Bestellschreiben drei Dollar beizulegen.

Hotels und Motels sind bei den einzelnen Orten im Kapitel »Entlang der Route 66« beschrieben.

Preisklassen
Die Preise beziehen sich auf ein Doppelzimmer ohne Frühstück.
Luxusklasse ab 150 $
Obere Preisklasse ab 100 $
Mittlere Preisklasse ab 50 $
Untere Preisklasse ab 10 $

Fallen Ihnen nur Hamburger und Coca Cola ein, wenn Sie an die amerikanische Küche denken? Dann werden Sie auf der Fahrt entlang der Route 66 überrascht werden.

Eine Reise durch Amerikas Küchen

Die kulinarische Tour hat bereits in Chicago ihren ersten Höhepunkt. Die Metropole am Lake Michigan ist berühmt für ihre **deep-dish pizzas**, Pfannenpizzas mit einem unverschämt dicken Boden und beinahe endlos viel Belag. St. Louis in Missouri gilt als die Stadt, in der der **hot dog** erfunden wurde. Gerne beweisen die Bewohner noch heute, daß es tausendundeine Variationen des Klassikers »Würstchen im Brötchen« gibt. Der Staat Oklahoma wartet mit Country-Küche auf (viel Bratenfleisch, dazu Kartoffelpüree und eine köstliche Soße, **gravy**. Texas ist ein Alptraum für Vegetarier. Steaks, Steaks und noch einmal Steaks, riesig und so schmackhaft zubereitet wie sonst kaum irgendwo in den USA. New Mexico dürfte eine Offenbarung für alle Freunde der mexikanischen Küche sein, deren Speisen sowohl original als auch angereichert mit amerikanischen Elementen gekocht werden. Kalifor-

In Hollywood träumt manche Kellnerin von einer Karriere als Filmstar

nien schließlich lockt mit »Californian Cuisine«, Fleischgerichten mit viel Gemüse und viel Obst. Zusätzlich sorgen auch in kleineren Städten die zahlreichen ethnischen Gruppen für ein internationales Eßerlebnis: Von chinesisch bis italienisch, von griechisch bis russisch ist jedes Land kulinarisch vertreten.

Reichhaltiges Frühstück

Beim Frühstück geht es ur-amerikanisch zu, wobei das Angebot in den Coffee-Shops oder den Restaurants zunächst erdrückend wirkt. Eier werden als **scrambled** (Rührei) oder **sunny side up** (Spiegelei) serviert. Dazu gibt es **home-made potatoes** (Bratkartoffeln) oder **hashbrowns**, eine Art Kartoffelpuffer. Weiter auf der Frühstücksspeisekarte: **sausages** (Würstchen), **bacon** (gegrillter Schinken) oder **ham** (gekochter Schinken), die ungeheuer sättigenden **pancakes** (Pfannkuchen) oder **waffles** (Waffeln). Beim Toast besteht die Wahl zwischen **white** (Weißbrot), **wheat** (Weizenbrot), **rye** (Roggenbrot), manchmal noch zwischen einem halben Dutzend weiterer Sorten. Jedes Frühstückslokal, das etwas auf sich hält, bietet **combos** (Kombinationen) mit so wohlklingenden Namen wie »Moon over my Hammy« oder »How the West was won« an. Kaffee wird kostenlos nachgefüllt (**refill**), wobei es immer die Auswahl zwischen **regular** (normaler Kaffee) und **decaffinated/decaf coffee** (koffeinfreier Kaffee) gibt.

In der Old Town von Albuquerque fühlen sich die Besucher nach Mexiko versetzt

Amerikanische Sitten

In den meisten amerikanischen Restaurants werden Sie zum Tisch geführt (»Please wait to be seated«). Vorher heißt die obligatorische Frage: »Smoking or non-smoking?« (Raucher oder Nichtraucher?). Die Serviererin (oder der Servierer) wird mehrmals während des Essens an Ihrem Tisch vorbeikommen und fragen, ob Sie alles in Ordnung finden. Genieren Sie sich nicht, Wünsche zu äußern. Die Preise verstehen sich in Amerika ohne Service. 15 Prozent Trinkgeld werden erwartet, sollten Sie deutlich weniger geben, kann es passieren, daß Ihnen die **waitress** bis auf die Straße folgt und fragt, was falsch gelaufen sei.

Snacks für unterwegs

Nach dem umfangreichen Frühstück sollte man während des Tages keinen Hunger verspüren, zumal, wenn man sich im Supermarkt für die Fahrt mit Snacks eingedeckt hat. Wenn Sie doch Appetit bekommen, probieren Sie ruhig eins der zahlreichen **Fast-Food-Restaurants** aus. Das Essen dort ist billig, erstaunlich schmackhaft und besteht nicht nur aus Hamburger- und Hot-Dog-Gerichten. Auch an den meisten Tankstellen gibt es einen kleinen Supermarkt mit Sandwiches, Hamburgern und anderen preiswerten Snacks.

Die Hauptmahlzeit des Tages ist für den Amerikaner das **dinner** (Abendessen). Es besteht üblicherweise aus einem **appetizer** (Vorspeise) oder einem Salat, einem **entree** (Hauptgericht) mit großem Fleischanteil und mitunter einem **dessert**. Viele Restaurants sind dazu übergegangen, nur das Hauptgericht zu servieren und dazu ein riesiges Salatbüffet anzubieten.

»All you can eat«

Bei großem Hunger sind die »All you can eat«-Buffets ein Schnäppchen. Für ein paar Dollar heißt das Motto: »Iß, was Du kannst«. Die Auswahl ist riesig und reicht von Suppen über Salate und Fleisch bis hin zum Dessert. Dazu gibt es **free refills**: **Softdrinks** (Cola, Eistee, etc.) werden immer wieder kostenlos aufgefüllt.

Ein Urlaub in den USA ist nicht komplett ohne ein **barbecue** (B-B-Q), der ultimativen Freizeitbeschäftigung an sonnigen Sonntagen. Da nicht jeder Amerika-Reisende die Möglichkeit hat, an einem solchen Grillfest teilzunehmen, gibt es auch B-B-Q-Restaurants.

Alkoholische Getränke fristen in den amerikanischen Restaurants eher ein Schattendasein. **Bier** ist in der Regel leichter und heller als in Deutschland, es gibt jedoch auch dunkle Starkbiere. **Weine** werden üblicherweise aus den Anbaugebieten in Nordkalifornien angeboten, wobei man mit einem Chardonnay nichts falsch machen kann. Hochprozentiges wird während des Essens selten getrunken.

Amerikas Alkoholgesetze sind rigoros. Sie verbieten den Ausschank und den Verkauf jeglichen Alkohols an Jugendliche unter 21 Jahren. Wundern Sie sich deshalb nicht, wenn Sie im **liquor store** nach Ihrem Ausweis gefragt werden.

Restaurants sind bei den einzelnen Orten beschrieben.

Preisklassen

Die Preise beziehen sich in der Luxusklasse und der Oberen Preisklasse auf ein dreigängiges Menü, in der Mittleren Preisklasse auf ein Hauptgericht mit Vorspeise, in der Unteren Preisklasse auf ein Hauptgericht. Die Angaben enthalten keine Steuern oder Trinkgelder.

Luxusklasse ab 40 $
Obere Preisklasse ab 25 $
Mittlere Preisklasse ab 10 $
Untere Preisklasse unter 10 $

»All you can eat« – diese Freßorgie sollten Sie auf keinen Fall auslassen

Eßdolmetscher

A

almonds: Mandeln
appetizer: Vorspeise
apple: Apfel
artificial: künstlich

B

bacon: Speck
baked potato: Folienkartoffel
bakery: Bäckerei
barbecue: Grill
beans: Bohnen
beef: Rindfleisch
beverage: Getränk
blueberries: Heidelbeeren
blue cheese: Blauschimmelkäse
bread: Brot
breakfast: Frühstück
burrito: Weizentortilla mit Füllung

C

cake: Kuchen
candy: Süßigkeit
carrots: Möhren
cereals: Frühstücksflocken
check: Rechnung
cheese: Käse
cherry: Kirsche
chicken: Hühnerfleisch
chile: Pfefferschote
chili: Fleischeintopf
chocolate: Schokolade, Kakao
chop: Kotelett
clams: Muscheln
clam chowder: Muschelsuppe
coffee: Kaffee
cole slaw: Krautsalat
champagne: Sekt
cholesterol: Cholesterin
cookie: Plätzchen
corn (on the cob): Mais(-kolben)
crabs: Krebse
cranberries: Preiselbeeren
cream: Sahne
cucumber: Gurke

D

dairy products: Milchprodukte
decaffinated (decaf): koffeinfrei
deep fried: fritiert
dessert: Nachtisch
donut/doughnut: Schmalzkringel

E

egg: Ei
enchilada: Maistortilla
entree: Hauptgericht

F

flavor: Geschmack, Sorte
food: Speisen
French fries: Pommes Frites
fried: gebraten
fruit juice: Fruchtsaft

G

game: Wild
garlic: Knoblauch
grapefruit: Pampelmuse
grape: Weintraube
gravy: Bratensauce
ground beef: Hackfleisch

H

ham: gekochter Schinken
hashbrowns: Kartoffelpuffer
herbs: Kräuter
honey: Honig
horseradish: Meerrettich
hot: heiß oder scharf

I

ice-cream: Speiseeis
ice cubes: Eiswürfel
ice tea: Eistee

J

jam: Konfitüre
jelly: Gelee

L

lamb: Lamm
lemon: Zitrone
lemonade: Limonade
lettuce: Kopfsalat
lime: Limette
liquor: Spirituosen
lobster: Hummer
loin: Lendenstück
lunch: Mittagessen

M

maple syrup: Ahornsirup
marinated: mariniert
mashed potatoes: Kartoffelpüree
meat: Fleisch
medium: halb durchgebraten
menu: Speisekarte
milk: Milch
mineral water: Mineralwasser
muffin: Teekuchen
mushroom: Pilz
mustard: Senf

O

oil: Öl
onion: Zwiebel
orange juice: Orangensaft

P

pancakes: Pfannkuchen
peach: Pfirsich
peanuts: Erdnüsse
pear: Birne
peas: Erbsen
pepper: Pfeffer
peppers: Paprikaschoten
pineapple: Ananas
plum: Pflaume
pork: Schweinefleisch
potato: Kartoffel
prawns: Garnelen
produce: Obst/Gemüse
puff pastry: Blätterteig
pumpkin: Kürbis

S

salad bar: Salatbuffet
salad dressing: Salatsauce
salmon: Lachs
salsa: Scharfe Sauce
salt: Salz
sausage: Wurst
seafood: Meeresfrüchte
sirloin steak: Lendensteak
slice: Scheibe
smoked: geräuchert
soda water: Sodawasser, Mineralwasser
soft drink: nicht-alkoholisches Getränk
sparkling mineral water: Mineralwasser mit Kohlensäure
sparkling wine: Schaumwein, Sekt
spinach: Spinat
spirits: hochprozentige Spirituosen
stew: Eintopf
strawberries: Erdbeeren
sugar: Zucker

T

tea: Tee
tip: Trinkgeld
tortilla: Weizen- oder Maisfladen
tuna: Thunfisch
turkey: Truthahn

V

veal: Kalb
vegetables: Gemüse
vinegar: Essig

W

waiter/waitress: Kellner(in)
waffles: Waffeln
watermelon: Wassermelone
walnut: Walnuß
well done: durchgebraten
wheat: Weizen
whipped cream: Schlagsahne
white wine: Weißwein

Ein unerschöpfliches Angebot, kundenfreundliche Öffnungszeiten der Geschäfte und der seit Jahren günstige Dollar machen Amerika zum Einkaufsparadies.

Egal ob Kleidung, Elektronikartikel, Bücher oder CDs – in den USA ist (fast) alles billiger als hierzulande. Eine Markenjeans, in deutschen Geschäften für 100 bis 150 DM zu haben, kostet zwischen 25 und 50 $. Computersoftware ist durch die Reihe mindestens 30 Prozent preiswerter als daheim, aktuelle CDs liegen für 12 bis 16 $ in den Läden. Ein Wermutstropfen bei diesen paradiesischen Preisen ist allerdings die **sales tax**, ein der deutschen Mehrwertsteuer vergleichbarer Aufschlag, den alle US-Bundesstaaten in unterschiedlicher Höhe (zwischen sechs und knapp zehn Prozent) erheben und der in den ausgewiesenen Preisen nicht enthalten ist.

Vorsicht bei Elektrogeräten

Vorsicht ist bei Einkäufen in Elektrogeschäften geboten: Amerikanische Geräte arbeiten mit 110 Volt Wechselstrom, für den Betrieb in Europa (220 Volt Wechselstrom) muß ein kostspieliger Adapter zwischengeschaltet werden. Auch Videokassetten berei-

Indianermärkte sind nicht nur für Esoteriker Fundgruben

ten nur wenig Freude: Die in Amerika übliche NTSC-Norm sorgt in europäischen PAL-Videorekordern für »Schneetreiben«. PC-Software läuft dagegen mühelos auf allen Computern weltweit.

Originaljeans

Bei Bekleidung sind nach wie vor **Jeans** der Renner. Bei Männern werden auf den Hosen der Bundumfang (»waist«, abgekürzt, W) und die Beinlänge (»length«, abgekürzt L) in **inches** angegeben. Anders als bei europäischer Konfektionsware gibt es bei US-Jeans Kombinationen von beinahe jeder Bundweite mit jeder Beinlänge. Damen bedienen sich entweder auch bei den Herrenjeans oder den speziellen Damengrößen (Größentabelle → »Die Route 66 von A bis Z«).

Einkaufen in den USA ist schon aufgrund des Ladenschlußgesetzes eine wahre Freude. Die Kaufhäuser in den Innenstädten sind an sieben Tagen in der Woche geöffnet, werktags von 10 bis 21 Uhr, sonntags von 12 bis 19 Uhr. Amerikaner bevorzugen **malls**, riesige Einkaufszentren auf der grünen Wiese. Eine Mall beherbergt üblicherweise bis zu vier Kaufhäuser sowie 100 oder mehr Fachgeschäfte.

Überhaupt ist in Amerika immer **sale** (Schlußverkauf). Ein Anlaß ist schnell gefunden, sei es ein naher Feiertag, sei es das Ende einer Saison, sei es ein Jubiläum. Sozusagen im Dauerschlußverkauf befinden sich die Geschäfte in sogenannten **outlet malls**. Hersteller und Filialunternehmen bieten hier in Dutzenden von Geschäften ihre Überproduktionen an.

Einkaufen als Erlebnis

In Amerika ist Einkaufen eine der beliebtesten Freizeitbeschäftigungen. Deswegen finden sich in den größeren Malls nicht nur Kinos und Säle mit Unterhaltungsspielgeräten, sondern auch Restaurants und Bars. Mittelpunkt einer jeder Mall ist der **food court**: Ein Dutzend oder mehr Fast-Food-Restaurants bieten hier ihre Waren an. Man stellt sich sein Menü büffetartig zusammen.

Die vielen großen und kleinen Dinge, die Sie im Verlauf Ihrer Route-Reise benötigen (zum Beispiel Besteck, Kühltasche und Fön), bekommen Sie am besten in Verbrauchermärkten, die es in jeder Stadt gibt und von denen **Wal-Mart** und **K-Mart** die bekanntesten sind. Oft sind die riesigen Läden rund um die Uhr geöffnet (open 24 hours).

Bei der Bezahlung ist Bargeld entgegen anderslautender Gerüchte ebenso gerne gesehen wie Kreditkarten (Visa, Eurocard/Mastercard und American Express, Diners). Üblicherweise sollte es auch keine Probleme bereiten, mit einem Travellerscheck zu bezahlen, sofern er in US-Dollar ausgestellt ist. In ländlichen Regionen akzeptieren einige Geschäfte keine 100-Dollar-Noten.

Wer mit dem Nachwuchs an Bord auf der Route 66 unterwegs ist, sollte für das Wohl der Kinder einige Extra-Vorbereitungen treffen.

Gute Planung ist wichtig

Für den Familienurlaub auf der Route 66 gelten andere Zeitregeln als beim reinen Erwachsenentrip. Planen Sie keine Tagesetappen, die länger als 400 Kilometer sind. Kalkulieren Sie die Strecke so, daß Sie am frühen Nachmittag am Zielort eintreffen, und buchen Sie jeweils ein Hotel oder Motel mit Swimmingpool. Als besonders kinderfreundliche Hotels versuchen sich seit einiger Zeit die Häuser der Kette **Days Inn** zu profilieren. Dort übernachtet der Nachwuchs im Zimmer der Eltern nicht nur umsonst, auch in den Restaurants heißt die Parole »Kids eat free« – Kinder essen umsonst –, wenn sie von zahlenden Erwachsenen begleitet werden. In einigen modernen Herbergen gehört in den Zimmern ein an den Fernseher angeschlossenes Videospiel zum Standard, wobei die Nutzungsdauer allerdings nach Stunden berechnet wird.

Nur auf den ersten Blick ist die Route 66 arm an Attraktionen für Kinder. Tatsächlich aber reiste der Nachwuchs seit jeher mit auf der berühmtesten Straße der Welt. Für einige der Vergnügungsparks kann es sich lohnen, einen Extra-Pausentag einzulegen. Vor allem für Disneyland, dem zweifellosen Höhepunkt der Reise aus Kindersicht, ist es geradezu ein Muß, ausreichend Zeit einzuplanen.

Show in den Universal Studios in Hollywood

Disneyland, Los Angeles/ Anaheim ■ A 8

Das Vorbild aller Vergnügungsparks ist nur wenige Meilen vom End-punkt der Route-66-Reise entfernt. Die sieben Teil-Welten des ältesten Disney-Parks wurden vor kurzem aufwendig renoviert und mit neuen Attraktionen versehen. Ein Tag reicht kaum aus, um Disneyland richtig zu erleben, zumal man für die Hauptattraktionen in der Hochsaison stundenlang ansteht.
1313 Harbour Blvd., Anaheim
Tel. 714-999-4565
Tgl. 10–18 Uhr, im Sommer von 8 bis 1 Uhr
Erwachsene 31 $, Kinder (3 bis 11 Jahre) 25 $

Explora Science Center, Albuquerque ■ H 8

Eins jener Anfaß-Museen, wie sie landauf, landab in den Städten um Besucher kämpfen. Dieses Exem-plar lockt mit einem unschlagbaren Eintrittspreis. Unter anderem kann man ein Flugzeug fliegen, auf einer Kanonenkugel reiten oder seinen Schatten einfrieren.
2nd Street/Tijeras (im First Plaza Building), Albuquerque
Tel. 505-842-6188
Erwachsene 2 $, Kinder 1 $, Senio-ren 1 $.

Knott´s Berry Farm, Los Angeles ■ A 8

Interessante Alternative oder Ergän-zung zu Disneyland. Wilde Achter-bahnfahrten sind ebenso im Ange-bot wie das Camp Snoopy, die Mystery Lodge und der »California Marketplace«, wo es unter anderem die leckere »Knott´s Berry Farm«-Marmelade zu kaufen gibt.
8039 Beach Blvd. Buena Park
Tel. 714-220-5200
Erwachsene 28,50 $, Kinder (3 bis 11 Jahre) 18,50 $, Senioren 18,50 $.

Oklahoma City Zoo ■ O 7

Der älteste Zoo des amerikanischen Südwestens beheimatet 2500 Tiere aus aller Herren Länder. Zu den Publikumsmagneten gehört »Aqua-ticus«, eine Wasser-Show mit Del-phinen und Seelöwen. Einzigartig ist »Great Escape«, ein Zoo im Zoo, in dem zahlreiche Affenarten in einer ihrem natürlichen Lebensraum nach-empfundenen Umgebung leben.
2101 N.E. 50th Street, Oklahoma City
Tel. 405-424-3344
Tgl. 9 bis 18 Uhr (Sommermonate), tg. 9 bis 17 Uhr (Wintermonate)
Erwachsene 4 $, Kinder (3-11 Jahre), Senioren 2 $

Six Flags over Mid-America, St. Louis ■ S 4

Ein typischer Vergnügungspark aus dem Hause »Six Flags«, das mit ähnlichen Einrichtungen überall in Amerika vertreten ist.
Interstate 44, Exit 261/Eureka
Tel. 314-938-4800
Erwachsene 23,95 $, Kinder 18,95 $

White Water Bay, Oklahoma City ■ O 7

Ein Wasserpark, der den Standards dieser Landschaften folgt: Rutschen, große Pools. Stromschnellen und Wellen bestimmen das nasse Vergnügen. Eine gute Adresse im Sommer, falls das Hotel keinen vernünftigen Swimmingpool haben sollte.
3908 W. Reno
Tel. 405-943-9687
Tgl. geöffnet von Memorial Day bis Mitte August, nur an den Wochen-enden geöffnet von Mitte Mai bis Memorial Day und von Mitte August bis Mitte September. Park öffnet um 10.30 Uhr und schließt zu wech-selnden Uhrzeiten.
Erwachsene 18,99 $, Kinder 14,99 $, Senioren 11,99 $

n kaum einem anderen Land sind die Menschen so sportbegeistert, wenn sich auch der Spaß meist nur aufs Zuschauen beschränkt: Baseball, Football und Basketball.

An den Spieltagen der verschiedenen Ligen, besonders sonntags und montags, ist auch in Lokalen und Sportkneipen der Kampf um den Ball das einzige Thema. Die Atmosphäre ist urgemütlich, wenn die Menschen in der Kneipe die Spieler auf dem Riesenbildschirm anfeuern. Meist sind die Sportnächte mit einem **special** verbunden: Mal gibt es Popcorn und Erdnüsse zum Bier, dann zwei Bier zum Preis von einem, mal den Hot dog für einen Dollar oder das Riesensteak für einen Apfel und ein Ei. Die Euphorie kennt keine Grenzen, wenn in den einzelnen Ligen die Meister ausgespielt werden. Das größte Ereignis des Jahres ist zweifellos der Superbowl, das Endspiel der beiden besten Football-Mannschaften. Am Abend der Entscheidung im Januar sind die Straßen wie leergefegt, und die Betreiber der Wasserwerke im Land überlegen sich verzweifelt jedesmal aufs neue, wie sie die Versorgung sicherstellen, wenn in den Spielpausen Millionen von Amerikanern gleichzeitig die Toilette aufsuchen...

Die Chicago Cubs sind die älteste Baseball-Profimannschaft der Welt

Baseball

Weil die Begegnungen der Spitzenmannschaften meist schon Monate im voraus ausgebucht sind, kann es sinnvoll sein, auf den Universitätssport auszuweichen, sozusagen die Zweite Liga im Land, in der aber auch durchweg Spitzenleistungen geboten werden.

Wenn Sie unbedingt eine landesweit berühmte Mannschaft erleben wollen, versuchen Sie es in Chicago mit den **Chicago Cubs,** die ihre Heimspiele im **Wrigleys Field** (1060 West Madison) bestreiten, oder mit den **Dodgers,** dem Baseball-Aushängeschild von **Los Angeles,** die ihren Gegnern im Dodger-Stadion (1000 Elysian Park Ave., nähe Sunset Blvd., Los Angeles) einheizen.

Bowling

Eine Bowlingbahn findet sich in jeder Kleinstadt. Mitunter ist die technische Einrichtung völlig veraltet, und Musik scheppert aus den Lautsprechern, daß einem die Ohren schmerzen. Trotzdem ist ein Riesenspaß garantiert, und Sie erleben ein echtes Stück Amerika. Spezialschuhe können Sie vor Ort leihen, und bei den Dutzenden von Kugeln ist sicherlich auch für Sie die passende dabei.

Fitneß

Wenn Sie in Hotels gehobener Preisklasse übernachten, fragen Sie, ob das Haus über einen Fitneß-Raum verfügt. Sollte das nicht der Fall sein, hat das Management für die Gäste meistens ein Arrangement mit einem benachbarten Fitneßstudio getroffen, wo Sie kostenlos oder sehr günstig ins Schwitzen kommen.

Golf

Viele Golfclubs in den Vereinigten Staaten öffnen ihre Plätze der Allgemeinheit, wobei ein Tag in der Anlage kein billiges Vergnügen ist. Die Clubs sind teilweise malerisch gelegen und am »19. Loch« lassen sich ganz easy Bekanntschaften knüpfen.

Strände

Außer in Chicago, wo Sie am Lake Michigan sonnenbaden können, sind Strände Mangelware auf Ihrer Reise. Das ändert sich erst zum Schluß, wenn die Route 66 direkt am Pier von Santa Monica endet.

Santa Monica ■ A 8
Der »Hausstrand« von Los Angeles. Immer wenn in der Stadt die Hitze unerträglich wird, strömen Scharen nach Santa Monica. Markantester Punkt am Strand ist der liebevoll restaurierte Pier, gleichzeitig der Schlußpunkt der Route 66. Der Strand selbst ist sauber und gepflegt.

Venice Beach ■ A 8
Vorsicht ist schon auf dem Weg zum Strand geboten, damit Sie nicht von einem der Roller-Skater umgefahren werden. Venice Beach ist seit Jahren »hip«, am Muscle Beach können normal gebaute Zeitgenossen einen Minderwertigkeitskomplex nach dem anderen bekommen, und von Strandruhe kann hier keine Rede sein. Wer aber Jubel und Trubel will, ist hier genau richtig.

Zuma Beach ■ A 8
Am größten und breitesten Strand Kaliforniens treffen sich Angler, Surfer und Sonnenhungrige. Die Fahrt von Santa Monica aus lohnt sich auf jeden Fall, wenn Sie auf der Suche nach dem schönsten Strand im Großraum Los Angeles sind.

Ein Anlaß für ein Fest ist schnell gefunden, entweder einer der großen nationalen Feiertage oder der Jahrestag eines lokalen historischen Ereignisses.

Bei einer Fahrt quer über den amerikanischen Kontinent werden Sie beinahe zwangsläufig auf größere Feierlichkeiten stoßen. Dann dürfte es schwierig werden, zu moderaten Tarifen noch ein Zimmer zu bekommen. Gleiches gilt bei den State Fairs, Verbraucherausstellungen, die in den Großstädten eines Bundesstaates einmal jährlich abgehalten werden.

Während der »Saison«, also etwa von Mai bis Oktober, finden besonders in den größeren Städten beinahe an jedem Wochenende irgendwelche Feste statt. Sie werden meistens von den ethnischen Gruppen der Region organisiert und

sind entsprechend vielfältig, was die Themenauswahl angeht. Fragen Sie am besten beim Einchecken im Hotel nach **special events** während Ihres Aufenthalts. Auch ein Blick in den Veranstaltungskalender der Lokalzeitung hilft, um sich einen Überblick zu verschaffen.

Egal, wo Sie sich aufhalten: An den Tagen rund um den Nationalfeiertag (4. Juli), am Labor Day (1. Montag im September) und zu Thanksgiving (4. Donnerstag im November) können Sie nahezu sicher sein, in eine Feier zu geraten. Die folgenden großen Feste sollten Sie keinesfalls verpassen, wenn Sie zu der Zeit in der Region sind.

Westlich von Tulsa findet im Sommer im Discoveryland ein Powwow statt

Januar
Tournament of Roses Parade,
Pasadena ■ A 8
Nach einem Footballspiel wird in
Pasadena die Rosenkönigin gewählt.
Der farbenprächtige Umzug, der
diesem Ereignis folgt, erinnert ein
bißchen an Karneval und wird im
ganzen Land im Fernsehen über-
tragen.

März
St. Patrick´s Day, Shamrock ■ M 7
Ganz wie in Irland feiern die Bewohner des Städtchens Shamrock
in Texas den Ehrentag ihres Schutz-
heiligen Patrick.
Wenn Sie also am 17. März durch
das sonst eher verschlafene Nest
kommen, wundern Sie sich nicht,
wenn aus den Kneipen wehmuts-
volle irische Volksmusik klingt.
17. März

Mai
Cinco de Mayo, Los Angeles ■ A 8
In den mexikanischen Vierteln der
Stadt wird an diesem Tag der
Schlacht von Puebla am 5. Mai 1862
gedacht. Der Jahrestag wird über-
aus temperamentvoll in Form einer
Fiesta begangen.
5. Mai

Juni
Red Earth Indian Festival,
Oklahoma City ■ O 7
Das größte Indianerfest der Welt
lockt am zweiten Wochenende im
Juni Hunderttausende nach Okla-
homa City. Zum Programm gehören
Folklore-Darbietungen ebenso wie
Kunstausstellungen und natürlich
ein riesiger Food Court.

Juni/Juli
Taste of Chicago ■ U 1
Ein Fest, bei dem es sich in erster
Linie ums Essen dreht. Grants Park
verwandelt sich vom Wochenende

vor dem 4. Juli bis zum Wochenende danach in den größten Food
Court der Welt. Natürlich sorgen
zahlreiche Open-air-Veranstaltungen
dafür, daß es nicht nur bei Essen
und Trinken bleibt.

September
Fiesta, Santa Fe ■ I 7
Eir fach nur Fiesta, Fest, heißt die
dreitägige Mammut-Feier, die die
Pueblostadt seit Jahrhunderten im
September veranstaltet. Inzwischen
hat sich als Termin das Wochenende nach dem Labor Day eingebür-
gert. Wer nicht bereits Monate im
voraus ein Zimmer bestellt hat, hat
bei dieser farbenprächtigen Fiesta
allerdings schlechte Karten.

Route-66-Weekend,
San Bernardino ■ A 8
Gelegentliche Feste an der Route
66 gibt es zwar reichlich, nur eines
von ihnen wird aber jedes Jahr zur
gleichen Zeit gefeiert: das Route-66-
Weekend in San Bernardino. Wenn
sich im September ein Korso von
Oldtimern durch die Straßen der
Stadt schlängelt, wollen mehr als
200 000 Menschen dabeisein.
3. Wochenende im Sept.

Oktober
International Balloon Fiesta,
Albuquerque ■ H 8
Das weltweit bekannte Ballonfahrer-
treffen lockt Jahr für Jahr mehr
Besucher in die größte Stadt New
Mexicos, die vom 1. Samstag bis
2. Sonntag im Oktober aus allen
Nähten platzt.
Wie bei der Fiesta von Santa Fe
gilt: Ohne langfristige Reservierung
besteht während der Ballon-Tage
keine Chance auf ein Hotelzimmer.

Albuquerque, New Mexicos Metropole, empfängt die Route-Reisenden mit sprödem Charme, scharfem Essen und trockener Wüstenluft.

SEHENSWERTE ORTE UND AUSFLUGSZIELE

Albuquerque

■ H 8

Wer Schwierigkeiten hat, den Namen dieser Stadt auf Anhieb auszusprechen oder gar zu buchstabieren, befindet sich in bester Gesellschaft. Viele Amerikaner scheitern bis heute beim Versuch, die Metropole von New Mexico richtig zu schreiben. »Schuld« an dem ganz und gar untypischen Namen Albuquerque sind die Spanier, die sich hier lange vor den US-Amerikanern niederließen.

Uraltes Siedlungsgebiet

Doch selbst die Conquistadoren um Francisco Vasquez de Coronado waren 1540 nicht die ersten, die in der Region Halt machten. Ausgrabungsfunde in den Sandia-Bergen bewiesen, daß bereits vor 10 000 Jahren Menschen in der Nähe von Albuquerque lebten. Verbrieft ist, daß vom 11. bis 13. Jahrhundert Anasazi-Indianer zahlreiche Kommunen gründeten, die über ein ausgeprägtes Transport- und Kommunikationswesen verfügten. Der Conquistador Coronado verließ die Region schnell wieder, in seinem Gefolge ließen sich aber zahlreiche Spanier am Rio Grande nieder. 1706 war die junge Siedlerschaft groß genug, um als Gemeinde anerkannt zu werden. 1846 wurde die Stadt am Rio Grande von den USA in Besitz genommen. Nach Ende des Bürgerkriegs fanden amerikanische Siedler Interesse an dem Städtchen.

1880 wurde Albuquerque ans Eisenbahnnetz angeschlossen. Anders als etwa Santa Fe, das über die ausbeuterischen Praktiken der Railroad-Barone klagte, begrüßte Albuquerque den Bau einer Eisenbahnstrecke vorbehaltlos. Das »Stahlroß« hatte nachhaltigen Einfluß auf die ethnische Zusammensetzung der Bevölkerung: Im Jahr 1885 lebten am Rio Grande erstmals mehr Amerikaner als Spanier.

Heute ist die Stadt mit ihren 500 000 Einwohnern die größte Stadt New Mexicos. Albuquerque war von Anfang an eine wichtige Station für Reisende auf der Route 66. Noch heute führt die Route auf der Central Road mitten durch die Stadt.

Die Höhenlage Albuquerques sorgt in den Wintermonaten für eisige Temperaturen. Im Sommer wird es, wie überall in New Mexico, heiß (Juli: bis zu 32 Grad Celsius im Durchschnitt).

Motorradfahrerträume: mit der Harley durch den sonnigen Südwesten

Hotels

Holiday Inn Pyramid

Schon von weitem erweckt dieses im Pueblo-Stil erbaute Haus Aufmerksamkeit. Das Innere der Herberge hält den Erwartungen stand, unter anderem mit einem zehn Stockwerke hohen Atrium, einem 16-Meter-Wasserfall und Glas-Fahrstühlen. Zwar nicht gerade zentral gelegen, aber nur einen Katzensprung vom Balloon Fiesta Park entfernt (→ der Besondere Tip, S. 38).
5151 San Francisco Road NE
Albuquerque, NM 87109
Tel. 505-821-3333 oder 1-800-544-0623
311 Zimmer, 54 Suiten
Obere Preisklasse

La Posada de Albuquerque

Ein Haus mit Geschichte, das 1939 von Conrad Hilton gebaut wurde. Das La Posada verbindet den Charme und den Stil einer klassischen Southwestern-Herberge mit den Annehmlichkeiten eines modernen Komforthotels. Ein echter Geheimtip.
125 2nd St. NW
Albuquerque, NM 87102
Tel. 505-242-9090 oder 1-800-777-5732, Fax 505-242-8664
114 Zimmer, 3 Suiten
Mittlere Preisklasse

Sehenswertes

Old Town

Hier wurde 1706 die Stadt gegründet, heute ist der Bezirk eher ein Einkaufs- und Vergnügungskomplex für Touristen. Sehenswert ist das im spanischen Plaza-Stil gehaltene Viertel mit seinen beinahe 150 Spezialgeschäften, Boutiquen und Galerien aber allemal.
Eingegrenzt von Rio Grande Blvd., Central Ave. und Mountain Rd.

Sandia Peak Aerial Tramway

Wer hätte das gedacht: Die angeblich längste Einmastseilbahn der Welt befindet sich nicht in der Schweiz. Eine atemberaubende, vier Kilometer lange Fahrt auf den knapp 3400 m hohen Hausberg.

TOP TEN 9

10 Tramway Loop
Tel. 505-856-7325
Tgl. 9–19 Uhr, Abfahrt der Gondeln alle 20–30 Minuten
Erwachsene 13 $, Kinder bis 12 Jahre und Senioren 9,50 $, Kinder unter 5 Jahren frei. Bei Tischreservierung für das Restaurant auf dem Gipfel Preisnachlaß

Museen

Indian Pueblo Cultural Center

Das Pueblo-Dorf mitten in der Stadt wird von einer Gruppe von Indianerstämmen betrieben. An den Wochenenden kostenlose indianische Tanzvorführungen.
2401 12th St. NW
Tgl. 9–17.30 Uhr
Eintritt Erwachsene 3 $, Senioren 2 $, Studenten 1 $

National Atomic Museum

Aus Sicht der Amerikaner begann das Atomzeitalter in New Mexico mit der Entwicklung der ersten Atombombe in Los Alamos. Weil dieses Dorf für einen regen Besucherstrom zu weit vom Schuß ist, wurde das passende Museum nach Albuquerque verlegt. Die unkritische Ausstellung beinhaltet Nachbauten der Hiroshima-Atombombe und Modelle zahlreicher US-Atom-U-Boote.
Kirtland Air Force Base
Besuchereinfahrt:
Gibson Blvd., Ecke Louisiana Blvd.
Tgl. 9–17 Uhr
Eintritt frei

Essen und Trinken

66 Diner
Dieses Lokal ist kein Route-66-Original, dafür aber wenigstens originell. Ein typisches (nachgebautes) Diner versetzt in eine andere Zeit zurück (Frühstück, Lunch und Dinner).
1405 Central NE
Tel. 505-247-1421
Mittlere Preisklasse

High Finance Restaurant
Zum Glück nicht nur ein Restaurant für die Hochfinanz. Unbestreitbar hat man beim Dinner den besten Ausblick. Das Restaurant thront auf Sandia Peak, dem Hausberg von Albuquerque (→ Sehenswertes). Eine Reservierung ist unbedingt zu empfehlen, dafür gibt es die atemberaubende Seilbahnfahrt auf den Gipfel zu einem reduzierten Tarif.
40 Tramway Road
Tel. 505-243-9742
Tgl. 11–15.30 Uhr, 16.30–ca. 23 Uhr
Obere Preisklasse

Einkaufen

Coronado Center
Die größte Mall von New Mexico vereint 150 Geschäfte. Überwiegend sind hier die bekannten Marken vertreten, dafür aber kaum landestypische Angebote.
6600 Menaul NE, Ecke Louisiana
Mo–Sa 10–21 Uhr,
So 11–19 Uhr

Fairgrounds Flea Market
Der größte Flohmarkt des Bundesstaates wird jeweils samstags und sonntags abgehalten. Im Gegensatz zu seinem deutschen Namensvetter handelt es sich bei diesem amerikanischen Flea Market eher um einen Markt für Kunsthandwerk als um eine Börse für Gebrauchtwaren.
Louisiana und Central (auf dem Messegelände)
Sa und So, Sonnenaufgang bis 17 Uhr (außer zu Messezeiten)

Im Indian Pueblo Cultural Center gibt es einen Markt und ein Museum

Am Abend

Mystery Café
Die Gäste im Mystery Café haben
bei einem Viergangmenü Gelegenheit, rätselhafte Vorkommnisse zu
entwirren. Dabei helfen die Kellner,
die in Wirklichkeit Schauspieler sind
(oder umgekehrt?).
125 2nd St. (im La Posada Hotel)
Tel. 505-237-1385
Nur Fr und Sa geöffnet,
Reservierung erforderlich

Isleta Gaming Palace
Die späte Rache der Indianer an
den Weißen findet überall im Lande
statt. Innerhalb ihrer Reservate
bauen die Indianer Casinos und
zocken die einstigen Eindringlinge
ab. Natürlich geht es beim Spiel
streng legal zu, weshalb das größte
Casino von New Mexico, der Isleta
Gaming Palace, bedenkenlos für
einen spannenden »Spiele-Abend«
empfohlen werden kann.
Interstate 25 und Broadway (Exit
234)
Tel. 505-897-2173
Rund um die Uhr geöffnet, Eintritt
frei

Service

Auskunft

Albuquerque Convention and
Visitors Bureau
121 Tijeras NE, 1st Floor
Albuquerque, NM 87125
Tel. 505-842-9918 oder
1-800-284-2282
Mo–Fr 8–17 Uhr

Veranstaltungen
Ein Informations-Tonband über aktuelle Veranstaltungen kann unter der
Rufnummer 1-800-284-2282 abgeru-
fen werden.

Ausflugsziel
Santa Fe ■ 17

Eigentlich ist Santa Fe mehr als ein
Ausflugsziel: Bei der ursprünglichen
Streckenführung gehörte die Stadt,
die in mindestens drei von vier **TOPTEN**
Western-Filmen auftaucht, zu   **10**
den Stationen. Später machte
eine direkte Route von Santa Rosa
nach Albuquerque den Umweg in
das 2300 m hoch gelegene Santa Fe
überflüssig. Ein Ausflug in eine der
ältesten Städte der Vereinigten Staaten ist aber wärmstens empfohlen.
Santa Fe mit seiner Stadtkulisse, in
der die Zeit stehengeblieben zu sein
scheint, zählt nicht umsonst zu den
beliebtesten Touristenattraktionen
des Landes. Sparen sollte man sich
allerdings den beschwerlichen Weg
über die Landstraße. Über die Interstate sind es gerade 61 Meilen oder
eine Stunde Fahrtzeit von Albuquerque nach Santa Fe. Obwohl Zimmer
in Santa Fe das Budget deutlich
mehr belasten als in Albuquerque,
ist das Extrageld gut angelegt für
eine der faszinierendsten Städte auf
der Reise. Vielleicht haben Sie das
Glück und geraten in eine der spektakulären Fiestas, die in Santa Fe
mehrmals im Jahr gefeiert werden.

Hotel

Eldorado
Wenn schon, denn schon: Das Eldorado gilt unbestritten als das schönste und beste Hotel in der Stadt
(und natürlich auch eins der teuer-
sten). Der altertümliche Schein trügt
übrigens. Das Haus ist zwar erst
wenige Jahre alt, fügt sich aber so
perfekt in die architektonische Landschaft ein, daß der Eindruck entstehen muß, es sei schon immer da
gewesen. Auch im Eldorado waren
die Architekten bemüht, den South-

western-Stil für den Neubau zu adaptieren. Als eines von wenigen Hotels in Santa Fe verfügt das Eldorado über einen Dach-Swimming-Pool. Für begeisterte Schwimmer ist das kleine Becken eher eine Enttäuschung.

309 West San Francisco St.
Tel. 505-988-4455 oder
1-800-955-4455
200 Zimmer, 18 Suiten
Obere Preisklasse/Luxusklasse

Spaziergang

Vorausgesetzt, Sie haben ein Zimmer in der Innenstadt, sind von dort aus alle Attraktionen gut zu Fuß zu erreichen. Aber auch ein Bummel »einfach nur so« durch die von Pueblo-Bauten flankierten Straßen und über die Plaza ist reizvoll. Der Fotoapparat sollte dabei stets griffbereit sein. Das Klischee von einer neuen Aussicht an jeder Straßenecke trifft auf Santa Fe voll und ganz zu. Egal, welche Route man wählt: Eine der mehr als 200 Galerien von Santa Fe liegt mit Sicherheit auf der Strecke.

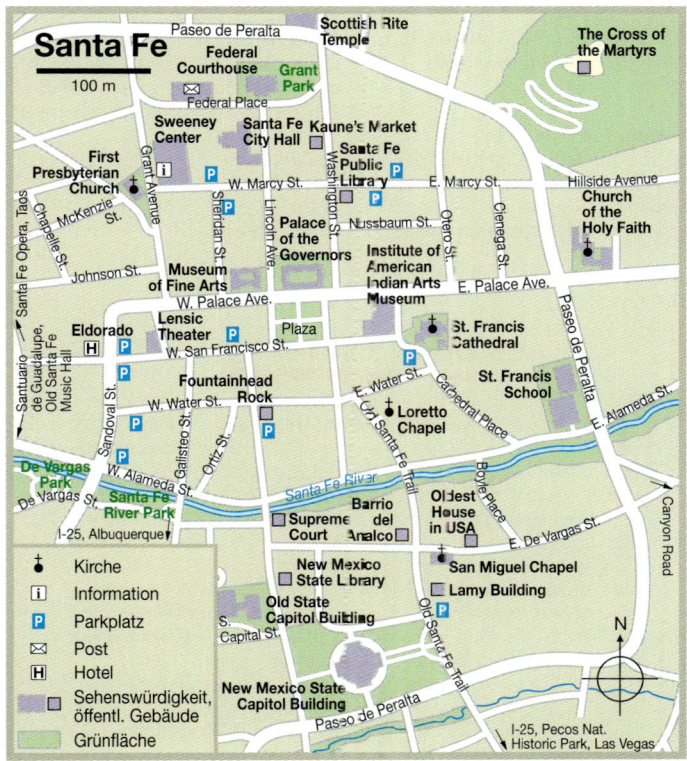

Santa Fe

100 m

Paseo de Peralta · Scottish Rite Temple · The Cross of the Martyrs · Federal Courthouse · Grant Park · Federal Place · Sweeney Center · Santa Fe City Hall · Kaune's Market · Santa Fe Public Library · First Presbyterian Church · W. Marcy St. · E. Marcy St. · Hillside Avenue · McKenzie St. · Palace of the Governors · Nussbaum St. · Church of the Holy Faith · Johnson St. · Museum of Fine Arts · Institute of American Indian Arts Museum · E. Palace Ave. · W. Palace Ave. · Eldorado · Lensic Theater · Plaza · St. Francis Cathedral · W. San Francisco St. · Fountainhead Rock · E. Water St. · St. Francis School · W. Water St. · Loretto Chapel · Santa Fe Opera, Taos · Sandoval St. · Galisteo St. · Ortiz St. · De Vargas Park · W. Alameda St. · Santa Fe River · De Vargas St. · Santa Fe River Park · Barrio del Analco · Oldest House in USA · I-25, Albuquerque · Supreme Court · E. De Vargas St. · Canyon Road · Santuario de Guadalupe, Old Santa Fe Music Hall · Sheridan St. · Grant Avenue · Lincoln Ave. · Washington St. · Otero St. · Cienega St. · Paseo de Peralta · Cathedral Place · Boyle Place · E. Alameda St.

Kirche
Information
Parkplatz
Post
Hotel
Sehenswürdigkeit, öffentl. Gebäude
Grünfläche

New Mexico State Library · Old State Capitol Building · S. Capital St. · New Mexico State Capitol Building · Paseo de Peralta · San Miguel Chapel · Lamy Building · Old Santa Fe Trail · N · I-25, Pecos Nat. Historic Park, Las Vegas

SEHENSWERTE ORTE UND AUSFLUGSZIELE

Museen

Palace of the Governors

Bevor dieser Gouverneurspalast 1911 in ein Museum umgewandelt wurde, diente er fünf verschiedenen Staaten als Regierungssitz. 17 000 historische Ausstellungsstücke, eine Bibliothek mit 12 000 Bänden und eine Fotosammlung mit 340 000 Bildern machen den Palast zum bedeutendsten Archiv der Geschichte New Mexicos. Vor dem Museum verkaufen Indianer täglich Handwerkskunst. Eine Art Echtheitszertifikat garantiert, daß Kunden nicht das Opfer von Betrügern werden.
Santa Fe Plaza
Tel. 505-827-6483
Tgl. 10–17 Uhr
Erwachsene 5 $, Kinder unter 16 Jahren frei

Museum of Fine Arts

8000 Exponate von amerikanischen Künstlern des 20. Jh. machen diese Sammlung zu einer der umfangreichsten und bedeutendsten ihrer Art. Zum Museum gehört der St.-Francis-Saal, in dem regelmäßig Konzerte aufgeführt werden.
Santa Fe Plaza
Tel. 505-827-4456
Tgl. 10–17 Uhr
Erwachsene 5 $, Kinder unter 16 frei

Essen und Trinken

Coyote Café

Mark Miller gilt als bester Koch New Mexicos, dessen Stil als »spicy« (würzig/scharf) und »adventurous« gerühmt wird. Entsprechend voll ist das Reservierungsbuch des Coyote Café, das selbst im teuren Santa Fe den üblichen preislichen Rahmen sprengt. Erkundigen Sie sich bei der Reservierung, ob Mark auch tatsächlich in der Küche steht – wird er von anderen Köchen vertreten, soll das Coyote Café kein besonderes Erlebnis mehr sein.
132 W. Water St.
Tel. 505-983-1615
Tgl. 11.30–14 Uhr und 16–ca. 23 Uhr
Obere Preisklasse

DER BESONDERE TIP

International Balloon Fiesta Das alljährliche Festival im Oktober ist inzwischen weltberühmt. Ebenso interessant, wie der farbenfrohen Ballon-Parade zuzuschauen, ist es, einmal selbst in die Luft zu gehen. Ein halbes Dutzend Unternehmen bietet das ganze Jahr über Ballonfahrten zu moderaten Preisen an, zum Beispiel Balloon Rides (505-269-1174/ 1-800-322-2262), Braden's Balloons Aloft (505-281-2714/1-800-367-6625) oder Hot Air Extraord-in-air (505-266-9744). Achten Sie darauf, daß das von Ihnen gewählte Unternehmen eine Zulassung durch die Flugaufsichtsbehörde FAA vorweisen kann und daß Sie bei Ihrer Ballonfahrt versichert sind.

Old Mexico Grill

Ein Restaurant mit Atmosphäre, in dem auch die Einwohner von Santa Fe gerne essen gehen. Die Aufteilung des Gästeraumes ermöglicht von beinahe allen Plätzen einen ungehinderten Blick in die Küche, wo, so die Kritiker, hervorragende Gerichte zu einem akzeptablen Preis »gezaubert« werden. Probieren Sie unbedingt eine **Margarita**. Es sind angeblich die besten in der Stadt.
2434 Cerillos Road
Tel. 505-473-0338
Tgl. 11.30–14.30 Uhr und 17.30–21 Uhr (Fr und Sa bis 21.30 Uhr)
Mittlere Preisklasse

Am Abend

Old Santa Fe Music Hall

Ein Menü mit vier Hauptgerichten zur Auswahl soll den Gaumen erfreuen, ein Musical unterhält derweil Augen und Ohren. Das Dinner-Theater Old Santa Fe Music Hall ist meist ausverkauft, Reservierung erforderlich.

100 N. Guadalupe
Tel. 505-983-3311 oder
1-800-409-3311
Show mit Dinner 39,50 $

Santa Fe Opera

Weit über die Stadtgrenzen hinaus ist diese Oper bekannt, deren Saison von Ende Juni bis Ende August geht. Das Open-air-Theater liegt idyllisch in einem Berg-Panorama und führt fünf verschiedene Stücke jährlich auf. Wer hinter die Kulissen schauen möchte: Backstage-Touren werden während der Saison von Mo bis Sa um 13 Uhr für 6$ (Kinder von 7–15 Jahren frei) angeboten.
Highway 84-285
Tel. 505-986-5959

Service

Auskunft

Convention & Visitors Bureau
201 West Marcy/P.O. Box 909
Santa Fe, New Mexico 87504-0909
Tel. 505-984-6760, Fax 505-984-6679

Zum Balloon Festivals im Oktober ist Albuquerque ausgebucht

s this the way to Amarillo«, fragte Tony Christie verzweifelt in seinem Welthit. Route-66-Reisende haben keine Chance, die Stadt zu verpassen.

Amarillo
■ L 7

Plakate machen schon 150 Meilen vor der Stadtgrenze Appetit auf Amarillo im wahrsten Sinne des Wortes. Ein kostenloses Zwei-Kilo-Steak wird auf den Anzeigetafeln der Big Texan Steak Ranch an der Interstate in großen Lettern versprochen. Das Kleingedruckte verrät den Haken: In einer Stunde muß das halbe Rind samt üppigen Beilagen komplett gegessen sein, sonst kostet es 50 $. Der Werbegag paßt gar prächtig in das Image, das Texas auch in Amarillo verbreitet: »Alles ist hier ein bißchen größer.«

Die heute mit 200 000 Einwohnern größte Ansiedlung des texanischen »Panhandles« hat für diese Vormachtstellung kaum mehr als 100 Jahre gebraucht. Die Stadtgeschichte geht zurück ins Jahr 1887. Als zwei Eisenbahnlinien in den Panhandle hinein expandierten, fürchteten lokale Händler um ihre Geschäfte mit dem Süden. Als Folge gründeten sie ein regionales Transportzentrum, das sie Amarillo nannten.

Wie beinahe überall in Texas, bestimmen heute auch in der Gegend von Amarillo riesige Ranches und zahllose Ölbohrtürme das Bild. In der Stadt selbst wird regelmäßig eine der größten Viehauktionen des Landes abgehalten. Daneben ist die Ölförderung und -veredelung ein wichtiger Industriezweig der Stadt. Wer deshalb aber eine dunstige Industriestadt erwartet, dürfte angenehm überrascht sein. Kaum irgendwo in den Vereinigten Staaten ist die Luft sauberer als in Amarillo.

Die Stadt kann zusätzlich mit einer Naturschönheit aufwarten, die, vielleicht einmal abgesehen vom Grand Canyon, ohne Beispiel ist: Der **Palo Duro Canyon**, eine atemberaubende Schluchtenlandschaft, gilt als Geheimtip unter Amerika-Kennern. Typisch für Texas: Der geographische Zufall wird lokalpatriotisch ausgeweidet. Die Regisseure des Pionier-Theaterstücks »Texas« haben mit den gigantischen Palo-Duro-Felsen eine monumentale Kulisse gefunden.

Beim Klima allerdings kommen nur ausgesprochene Hitzefreunde auf ihre Kosten. In den Sommermonaten übersteigen die Temperaturen beinahe täglich die 30-Grad-Grenze, dafür wird es in den Wintermonaten empfindlich kalt, mitunter mißt man in Amarillo dann sogar Minusgrade.

Hotels und Motels

Ambassador Hotel
Erstes Haus am Platz. Atrium, Hallenbad, Fitneß-Raum und Whirlpool.
3100 I-40 W
Tel. 806-358-6161
Fax 806-358-9869
256 Zimmer
Obere Preisklasse

La Quinta Inn
Motel mit fünf Restaurants auf dem Gelände. Telespiele gegen Gebühr. Frühstück im Preis inklusive.
1708 I-40 East
Tel. 806-373-7486
Fax 806-372-4100
130 Zimmer, davon 80 Prozent für Nichtraucher
Mittlere Preisklasse

Sehenswertes

Amarillo Livestock Auction
Mit 300 000 verkauften Stück Vieh ist diese Börse eine der größten von Texas. Im benachbarten **Stockyards Cafe** lockt ein deftiges Frühstück Touristen und echte Cowboys gleichermaßen an.
3000 East 3rd Ave.
Tel. 806-373-7464
Tgl. 9–17 Uhr, Di Auktionen
Eintritt frei

Cadillac Ranch
Eine der wohl am häufigsten fotografierten Attraktionen an der Route 66. Zehn Cadillacs sind hier halb im Ackerboden vergraben. Sie sollen an das goldene Zeitalter auf der weltberühmten Straße erinnern. Achtung: Die ausgeschilderte »Historic Route 66« durch Amarillo führt nicht an der Cadillac Ranch vorbei.
Interstate 40, sieben Meilen westlich von Amarillo
Eintritt frei

Die Cadillac-Oldtimer sind Kunstwerke in der Cadillac Ranch

Palo Duro Canyon

Von Bewohnern des Bundesstaates wird diese Schlucht gerne als »Grand Canyon von Texas« bezeichnet – auch wenn ausnahmsweise einmal die texanische Variante eine Nummer kleiner ist als das Original. Immerhin sind die Freizeitmöglichkeiten in diesem Nationalpark so zahlreich, daß ein Tag dafür kaum ausreicht. Nicht nur für Kinder ist die Fahrt in der Miniatur-Eisenbahn »Sad Monkey Railroad« ein Riesenvergnügen. Die Tour führt über eine zwei Meilen lange Strecke mit herrlichen Ausblicken über die Canyon-Landschaft. Am beliebtesten ist die Fahrt 30 Minuten vor Sonnenuntergang. Für Freunde des Wilden Westens haben die »Amarillo Gunfight-

ers« am »Rusty Spur Outpost«, eine halbe Meile westlich vom Parkeingang, eine Show vorbereitet, in der viel und laut geschossen wird. Auch am Abend ist der Palo Duro Canyon einen Besuch wert, wenn im Amphitheater das Stück »Texas« aufgeführt wird (→ Am Abend).

Hwy. 217, 22 Meilen südlich von Amarillo
Tel. 806-488-2227
Parkeintritt Pkw 5 $, Wohnmobil 12–20 $
Sad Monkey Railroad 2,50 $
Amarillo Gunfighters So 12 und 16 Uhr (im Sommer)
Eintritt Erwachsene 3 $, Kinder (6–12 Jahre) 2 $

Museen

American Quarter Horse Heritage and Museum

Die größte Quarter-Horse-Gesellschaft der Welt hat ihren Hauptsitz in Amarillo und nutzt die Gelegenheit, ihre Arbeit in einem Museum vorzustellen. In Videofilmen und mit zahlreichen Exponaten soll den Besuchern die Quarter-Horse-Zucht nahegebracht werden. Natürlich dürfen in der angeschlossenen Arena einige besonders schöne Vertreter der Pferde-Art bewundert werden.
2601 Interstate 40/Quarter Horse Dr.
Tgl. 9–16 Uhr (Mai–Aug.), Mo–Sa 10–17 Uhr, So 12–17 Uhr (Sept.–April)
Eintritt 4 $, Senioren 3,50 $, Kinder (6–18 Jahre) 2,50 $

Essen und Trinken

Big Texan Steak Ranch

Ein Muß! Wer sich nicht an das »kostenlose« Zwei-Kilo-Steak herantraut, findet auf der reichhaltigen Speisekarte garantiert die passende Alternative. Angeblich bereitet der Koch auch Klapperschlangen zu, üblicherweise ist das Interesse an dieser Spezialität jedoch gering. Trotz der riesigen Ausmaße des Lokals muß mitunter auf einen Tisch gewartet werden. Die Zeit kann man sich hervorragend im Souvenirshop vertreiben. Die dortige Auswahl an Route-66-Artikeln sucht ihresgleichen. Wenn das Steak schwer im Magen liegt, läßt sich im angeschlossenen Hotel auch ein Zimmer buchen. Typisch Amerika: Der Swimmingpool des Big Texan wurde in den Umrissen von Texas angelegt.
Interstate 40 East and Whitaker
Tel. 806-372-7000
Mittlere Preisklasse

Einkaufen

Old San Jacinto Antiques and Crafts

Das alte San-Jacinto-Gebiet liegt direkt an der »66«, die in Amarillo über die 6th Street führt. Die Ansammlung von Antiquitätenhändlern und Kunsthandwerkern hat sich zu einer der bedeutendsten von Texas gemausert. Allerdings gilt hier wie in der meisten Antiquitätengeschäften Amerikas: »Antik« ist alles aus der Zeit vor dem Zweiten Weltkrieg.
6th St. zwischen Georgia und Western
Unterschiedliche Öffnungszeiten (meistens tgl. 10–17.30 Uhr; So 10–17 Uhr)

Boots'n' Jeans

Der Inhaber behauptet, er habe das größte Stiefelgeschäft der Welt. Wer genug Zeit hat, kann Boots'n' Jeans ausführlich testen, immerhin stehen mehr als 18 000 Pear Boots zur Anprobe bereit: auf Wunsch auch aus Schlangenhaut. Darüber hinaus im Angebot: Hüte, Hemden und Schmuck – eben alles, was ein echter Cowboy braucht.
2225 S. Georgia

Am Abend

Texas

Der »heiße« Tip für Sommermonate. Im Open-air-Theater im Palo Duro Canyon wird seit 30 Jahren allabendlich das Stück »Texas« gegeben, ein lokalpatriotisches Musical über die Mühen und Schwierigkeiten der ersten Siedler. 80 Schauspieler erwecken den Wilden Westen zum Leben, und das so realistisch, daß durch das Geheule vom Band auch schon mal ein echter Coyote angelockt wurde.

Beeindruckend wird das Theater-
stückchen erst durch die Umgebung
vor den 200 m hohen Steilwänden
des Canyons. Für Besucher ist nach
17.30 Uhr der Eintritt in den Palo
Duro National Park (→ Sehenswer-
tes) frei.
Pioneer Amphitheater,
Palo Duro Canyon
Tel. 806-655-2181
Von Mitte Juni bis Ende Aug. tgl.
außer So 20.30 Uhr (Barbecue-
Buffet ab 18.30 Uhr)
Musical Erwachsene 6–14 $,
Kinder 3–14 $
Barbecue Erwachsene 6,50 $,
Kinder 5,50 $

Kwahadi Indian Dancers
Eine 90minütige Tanzshow, vorge-
führt von bis zu 70 Jugendlichen,
soll den Zuschauern die indianische
Philosophie näherbringen. Die
Shows werden während des ganzen
Jahres im Kwahadi Kiva Theater im
Westen von Amarillo dargeboten.
Die Choreographien sind jeweils an
die Jahreszeit angepaßt.
Plains Blvd./Bellaire St.
Tel. 1-800-692-1338
Eintritt Erwachsene 4–5 $, Kinder 3 $

Service

Auskunft

Amarillo Convention & Visitors
Council
1000 S. Polk St.
Amarillo, Texas 79101
Tel. 806-373-3903 oder
1-800-692-1338, Fax 806-373-3909

Internet
Die Stadt Amarillo ist unter der
Adresse »http://www.amarillo-
cvb.org« im World Wide Web des
Internet vertreten

Taxi

Bob's Taxi Service
Tel. 806-373-1171

Checker Cab
Tel. 806-376-8211

DER BESONDERE TIP

Cowboy Morning Breakfast Wie wäre es mit einem
Cowboy Morning Breakfast? Am Rand des Palo Duro
Canyons geht die Planwagen-Tour bei der Figure 3
Ranch los. Ziel ist ein Lagerfeuer ganz in der Nähe, wo
heißer Kaffee und ein Country-Frühstück auf die Cowboy-Lehr-
linge warten. Echte Cowboys unterhalten mit Lasso-Kunst-
stücken. Für Spätaufsteher gibt es das Cowboy-Frühstück auch
als Steak-Dinner. Die Touren werden von April–Okt. bei pas-
sender Witterung angeboten und können unter 1-800-658-2613
reserviert werden. Preis 19 $.

Was für eine Stadt gleich zum Auftakt der Reise! Chicago, die Metropole am Lake Michigan, scheint den Superlativ erfunden zu haben.

Der bis vor kurzem höchste Wolkenkratzer der Welt steht hier, Reisende kommen auf dem größten Flughafen der Welt oder dem geschäftigsten Bahnhof des Landes an. Sie alle erleben in Chicago eine Überraschung. Die Stadt der Schlachthöfe und der Gangsterkriege rund um den legendären Al Capone gibt es längst nicht mehr. Chicago heute, das ist eine sympathische, spritzige Millionen-Metropole (2,8 Millionen Einwohner), die einen besonderen Charme verbreitet.

Die ersten Wolkenkratzer

»Stadt mit den breiten Schultern« heißt Chicago bei den Amerikanern aufgrund seiner zahlreichen Wolkenkratzer, von denen es hier mehr gibt als in den meisten Großstädten. Bereits 1885 wurde hier der Welt erster Skyscraper mit Stahlgerüst hochgezogen. Die Erfindung, die im Laufe des nächsten Jahrhunderts die Stadt am Lake Michigan zur architektonisch ersten Adresse für Wolkenkratzer machen sollte, war aus der Not geboren. 1871 hatte ein verheerendes Feuer 17 000 Holzhäuser vernichtet und 90 000 Menschen obdachlos gemacht.

Chicago

■ U 1

Die »Windy City« (fast immer weht eine frische Brise) verdankt ihren Aufstieg zum bedeutendsten Handelszentrum zwischen New York und Los Angeles ihrer geradezu perfekten Lage. Dank des Illinois-and-Michigan-Kanals verbindet Chicago die Großen Seen und damit den Atlantik mit dem Mississippi und dem Golf von Mexiko.

Eine Erfolgstory

Ende des 19. Jahrhunderts war die Stadt, deren Einwohnerzahl bereits 1890 die Millionengrenze überschritt, wichtigster inländischer Warenumschlagsplatz. Allein vier Eisenbahnlinien liefen hier zusammen und machten es möglich, die Schiffsladungen, die vom Atlantik oder vom Golf von Mexiko nach Chicago gebracht wurden, schnell weiterzuverteilen. Später angesiedelte Schlachthöfe verbanden den Namen Chicagos jahrzehntelang mit Schweinebäuchen und Rinderhälften. 1971 wurde der letzte Schlachthof geschlossen. Eine der bedeutendsten Waren- und Terminbörsen des Landes handelt heute Kaffeebohnen, Soja und Schweinebäuche.

Berühmte Architekten haben in Chicagos Häuserlandschaft Akzente gesetzt

Hotels und Motels

Holiday Inn Rolling Meadows
Eine Alternative zur Innenstadt sind
die Häuser in den Vororten, wie zum
Beispiel das Holiday Inn in Rolling
Meadows (30 bis 40 Autominuten
nach Downtown). Swimmingpool,
Fitneß-Raum und Tennisplatz sind
vorhanden. Verhältnismäßig günsti-
ger Preis; Sondertarife am Wochenende.
3405 Algonquin Rd.
Tel. 708-259-5000
Mittlere bis Obere Preisklasse

Motel 6 Chicago
Das einige Minuten von der Michigan Avenue entfernt liegende Rich-
mont Hotel bietet Hotel-Komfort
zum Motel-Preis.
162 E. Ontario
Tel. 312-787-3580
193 Zimmer
Mittlere Preisklasse

The Palmer House Hilton
Eines der ältesten Häuser der Stadt,
eines der geschichtsträchtigsten
noch dazu. Kurz nach dem großen
Feuer von 1871 (wieder-)eröffnet,
ist das Palmer House stummer Zeuge der Belle Epoque von Chicago.
Hinter der klassischen Fassade ver-
birgt sich ein hochmoderner Hotel-
betrieb. Zu den Annehmlichkeiten
gehören ein Hallenbad und ein
exklusiver Fitneßbereich. Spezielle
Wochenendarrangements machen
den unbezahlbaren Luxus einer
Nacht im Palmer House bezahlbar.
Auch für Nicht-Hotelgäste lohnt sich
ein Besuch am Sonntag, wenn die
Jazz-Band zum Brunch aufspielt.
17 E. Monroe St.
Tel. 312-726-7500
1639 Zimmer, 90 Suiten
Obere Preisklasse bis Luxusklasse

Spaziergang

Einen Superlativ dürfte Chicago auf
Dauer sicher haben: das größte
Freilichtmuseum der Welt. Im **Loop**,
dem von der Hochbahn eingekrei-
sten Finanzdistrikt, stehen auf bei-
nahe jedem Platz Skulpturen welt-
berühmter Künstler, von **Alexander
Calder** (»Flamingo«, Federal Center
Plaza, Ecke Dearborn St. und Adams
St.) über **Marc Chagall** (»Die vier
Jahreszeiten«, First National Plaza,
Ecke Dearborn St. und Monroe St.)
und **Joan Miró** (»Miró's Chicago«,
The Brunswick Building Plaza, 69,
West Washington St.) bis hin zu
Henry Moore (»Large Interior
Form«, Stanley McCormick Memo-
rial Court, Michigan Avenue Nähe
Monroe St.) und **Claes Oldenburg**
(»Batcolumn«, Social Security
Administration Building Plaza, 600
West Madison St.). In Chicagos
Besucherzentren (→ Adressen siehe
Service) gibt es einen bebilderten
»Loop Sculpture Guide«.

Sehenswertes

Buckingham Fountain
Die Attraktion im **Grant Park**, der
»grünen Lunge« von Chicago. Ein
Brunnen, dessen riesige Wasser-
fontänen schon tagsüber beeindruk-
ken. Die nächtlichen spektakulären
Light-Shows sind erst recht sehens-
wert. An den Sommerwochenenden
finden im Grant Park kostenlose
Open-air-Konzerte statt.
Tel. 312-294-2200
Brunnen vom 1. Mai–1. Okt. in
Betrieb
Light-Show abends von 21–23 Uhr
Eintritt frei

Chicago Board of Trade
Die angeblich wichtigste Waren-
und Finanzterminbörse der Welt ist
auch für Besucher geöffnet. Das

SEHENSWERTE ORTE UND AUSFLUGSZIELE

prächtige Art-Déco-Gebäude läßt das Herz von Architekturfans höherschlagen. Das rasante Börsengeschehen im Chicago Board of Trade reißt garantiert jeden Besucher mit.

Besucherzentrum
Ecke LaSalle und Jackson
(im Finanzdistrikt)
Tel. 312-435-3590
Tgl. 8–13.15 Uhr
Eintritt frei

John Hancock Center Observatory
Der »kleine Bruder« vom Sears Tower, nicht so überlaufen wie das Original und ebenfalls mit einer atemberaubenden Sicht aus dem Besucherstockwerk.
875 North Michigan Ave.
Tgl. 9–24 Uhr
Eintritt 3,65 $, Kinder, Studenten und Senioren 2,35 $

Karte von Chicago mit folgenden Beschriftungen:

Chicago — 500 m

RIVER NORTH, STREETERVILLE, LOOP, SOUTH LOOP

Washington Square, W. Locust St., N. Hudson Ave., N. Wells St., W. Superior St., Peace Museum, W. Huron St., W. Erie St., Planet Hollywood, W. Ontario, N. Clark St., N. Dearborn St., N. State St., Hard Rock Café, N. LaSalle St., N. Wabash Ave., N. Rush St., N. Michigan Ave., N. Fairbanks Ct., Historic Water Tower, John Hancock Center Observatory, St. James Cathedral, Seneca Park, Lake Shore Park, Milton Lee Olive Park, Motel 6 Chicago, E. Huron St., E. Erie St., E. Ohio St., E. Grand Ave., Lower Illinois St., Navy Pier Park, Lake Point Towers, Navy Pier

N. W. Ohio St., W. Grand Ave., Assumption Church, Time Life Bldg., Wrigley Bldg., Maritime Museum, E. North Water St., Centennial Fountain, Chicago River, Lower Wacker Dr.

Merchandise Mart, Chicago River, Marina City, W. Kinzie St., W. Wacker Dr., Kingsbury St., N. Canal St., N. Clinton St.

State of Illinois Center, Chicago Theater, Illinois Center, Amoco Bldg., E. Lake St., E. Randolph St., Civic Opera House, City Hall, W. Randolph St., Marshall Field's, Chicago Cultural Center, W. Washington St., St. Peter's, Brunswick Bldg. Plaza, First Nat. Plaza, W. Monroe St., LOOP, Carson Pirie Scott & Co., Goodman Theater, Sears Tower, The Palmer House Hilton, W. Adams St., Federal Center Plaza, Art Institute, W. Jackson Blvd., Board of Trade, Lincoln Statue, W. Van Buren St., St. Mary's, Grant Park, Lake Michigan

Congress Pkwy., Buckingham Fountain, Field Blvd., Lake Shore Drive, George Halas Dr., Columbus Dr., S. Lake Shore Dr.

Spertus Museum of Judaica, S. La Salle St., S. Clark St., S. Dearborn St., S. Wabash Ave., S. Columbus Dr., Grant Park, Amtrak Dearborn Station, Logan Mon., SOUTH LOOP

Roosevelt Rd., S. Clark St., S. Plymouth Ct., S. State St., E. 13th St., E. 14th St., Chinatown

Shedd Aquarium, The Field Museum, Adler Planetarium, Solidarity Dr., Soldier Field

Legende:
- Route 66
- ★ Top Ten
- Kirche
- ✉ Post
- H Hotel
- i Information
- Denkmal
- — Hochbahn
- B Busbahnhof
- Amtrak Bahnhof
- Sehenswürdigkeit, öffentl. Gebäude

Navy Pier

Chicagos neueste Attraktion. Ein alter Pier, einst Wahrzeichen der Stadt, wurde millionenteuer umgebaut zu einem riesigen Shopping- und Vergnügungskomplex, unter anderem mit einem Kinder-Museum, einem botanischen Garten und natürlich zahlreiche Restaurants, Bars und Geschäften. Am Pier legen Ausflugsboote, auch für ein Sonnenuntergangs-Dinner, ab.
Navy Pier
600 East Grand Ave.
Eintritt frei

Sears Tower

Das einstige Verwaltungsgebäude der Versandhauskette Sears (natürlich die größte der Welt) war mit 442 m und 110 Stockwerken bis März 1996 so hoch wie kein anderer Wolkenkratzer der Welt. Expreßfahrstühle bringen die Besucher in einer Minute hinauf auf das Skydeck im 103. Stock. Mitunter lange Warteschlangen.
233 S. Wacker Dr., Eingang am Jackson Blvd.
März–Sept. 9–23 Uhr, Okt.–Feb. 9–22 Uhr
Eintritt Erwachsene 6,50 $, Kinder bis 17 Jahre 3,25 $, Familienticket 18 $

TOP TEN 4

Museen

Adler Planetarium

Drei Stockwerke voll mit Ausstellungsstücken zu den Themen Astronomie, Weltraumerkundung und Teleskope, dazu ein »Himmelstheater« mit ständig wechselnden Multimedia-Shows.
1300 South Lake Shore Dr.
Sa–Do 9–17 Uhr, Fr 9–21 Uhr
Eintritt Erwachsene 4 $, Kinder (4–17) und Senioren ab 65 Jahren 2 $, Di freier Eintritt

Art Institute of Chicago

Vier Jahrhunderte menschlicher Kreativität sind im Art Institute of Chicago zu bewundern, das besonders für seine Sammlung impressionistischer und post-impressionistischer Meisterwerke bekannt ist.
111 South Michigan Ave.
Mo–Fr 10.30–16.30 Uhr, Di bis 20 Uhr, Sa 10–17 Uhr, So 12–17 Uhr
Eintritt Erwachsene 6,50 $, Kinder, Studenten und Senioren 3,25 $, Di freier Eintritt

Chicago Cultural Center

Das künstlerische »Hauptquartier« in Chicago. In dem denkmalgeschützten Gebäude (architektonische Führung durch das Anwesen Di und Mi um 13.30 Uhr) finden ständig wechselnde Ausstellungen, Performances und Konzerte statt. Im Besucherzentrum der Stadt Chicago bekommen Sie umfangreiches Informationsmaterial über die Stadt und ihre Sehenswürdigkeiten.
78 East Washington St.
Mo–Fr 10–18 Uhr, Sa 10–17 Uhr, So 12–17 Uhr, an Feiertagen geschl.
Eintritt frei (außer zu besonderen Ereignissen)
Info-Telefon zu Veranstaltungen: 312-346-3278
Info-Telefon zu Architektur-Tour: 312-744-6630

Essen und Trinken

Butcher Shop Steakhouse

Bevor der Koch das Steak mitten im Restaurant auf den Grill schmeißt, sucht es sich der Gast selbst beim Fleischer aus.
358 W. Ontario St.
Tel. 312-440-4900
So–Do 17–22 Uhr, Fr und Sa 17–23 Uhr
Mittlere/Obere Preisklasse

Ed Debevic´s

Ein Diner im Stil der 50er Jahre,
das in Chicago bekannt ist für seine
gutbürgerliche Küche. Spezialität:
Chili und Burgers.
640 N. Wells St.
Tel. 312-664-1707
Mo–Do 11–24 Uhr, Fr 11–1 Uhr,
Sa 10.30–1 Uhr, So 10.30–23 Uhr
Untere Preisklasse

Original Gino's East

Was wäre ein Chicago-Besuch ohne
Pizza? Eben! Drei Taxifahrer grün-
deten dieses Chicago-Original 1966
und heimsen seitdem Preise ohne
Ende für ihre Pizza ein.
160 E. Superior St.
Tel. 312-943-1124
Mo–Do 11–22 Uhr, Fr und Sa 11–
24 Uhr, So 12–22 Uhr
Untere Preisklasse

Einkaufen

»Carson Pirie Scott & Company«
(Madison St., Ecke State St.) wurde
1861 gegründet und ist das älteste
Kaufhaus der Vereinigten Staaten.
Wie viele Hochhäuser in Chicago ist
das Stammhaus von Carson Pirie
schon in achitektonischer Hinsicht
einen Besuch wert. Nicht weniger

eindrucksvoll präsentiert sich Kon-
kurrent **Marshall Field's** mit seinem
Flaggschiff (111 N. State St.). Wenn
es um elegantes Einkaufen geht,
kommt niemand an der Michigan
Avenue vorbei, die bei Shoppern
schlicht **Magnificent Mile** (glorrei-
che Meile) heißt. Die größte Mall
der Stadt ist nur mit dem Auto zu
erreichen. Im **Woodfield Shopping
Centre** (Golf Rd. an der Route 53 in
Schaumburg) sind vier Kaufhäuser,
230 Fachgeschäfte und 33 Restaurants untergebracht.

Am Abend

Blue Chicago

Der bekannteste Nachtclub in der
Stadt. Die besten Blues-Sängerin-
nen und Blues-Sänger treten hier
allabendlich auf.
Mo–Sa 20–2 Uhr
937 N. State St.
Tel. 312-642-6251

Planet Hollywood

Eine Art Filmmuseum mit originalen
Requisiten aus den berühmtesten
Streifen der Kinogeschichte, in dem
es auch etwas zu essen und zu
trinken gibt. Dazu werden auf der
Riesenleinwand ständig Filmclips

DER BESONDERE TIP

Rock'n'Roll McDonalds Zugegeben, dies ist auch nur eine
Bulettenbraterei – aber was für eine! Der Verkaufsraum
ist angefüllt mit Musik-Erinnerungsstücken aus den
50er und 60er Jahren, es gibt einen Souvenirshop und
natürlich Rock'n'Roll-Musik rund um die Uhr. 600 N. Clark St.,
Tel. 312-664-7940, rund um die Uhr geöffnet, Untere Preisklasse

gespielt. Wenn die Warteschlangen wieder einmal viel zu lang sind, ist das **Hard Rock Café** (63 W. Ontario St.,Tel. 312-943-2252) eine gute und wahrlich nahe liegende Alternative. 633 N. Wells St.
Tel. 312-266-7827

Service

Auto

AAA Chicago Motor Club
999 E. Touhy Ave.
Des Plaines, IL 60018-2736
Tel. 708-390-9000
Fax 708-390-9112

Bus/U-Bahn
Fahrplaninformationen erteilt die **Chicago Transit Authority, CTA,** unter Tel. 312-664-7200.

Hotel
Unter der Nummer 1-800-700-4683 hilft das Unternehmen **Chicago Hotel Reservations** bei der Suche nach preisgünstigen Zimmern.

Internet
Chicago ist im World Wide Web unter »http://www.ci.chi.il.us.« zu erreichen.

Tickets

Hot Tix
Preisreduzierte Eintrittskarten für Vorstellungen am gleichen Tag. Telefonische Bestellung ist nicht möglich.
108 North State St.
Mo und Di 12–18, Mi–Fr 10–18 Uhr, Sa 10–17 Uhr

Ticketmaster
Telefonischer Verkauf von Eintrittskarten zu allen wichtigen kulturellen Veranstaltungen (312-559-1212) sowie für die Spiele der **Chicago Bulls,** der **Chicago Cubs** (312-831-2827) und der **Chicago White Socks** (312-831-1769)

Visitor Information Center

Chicago Cultural Center
77 E. Randolph St.
Mo–Fr 10–18 Uhr, Sa 10–17 Uhr, So 12–17 Uhr, an Feiertagen geschl.

Historic Water Tower
806 N. Michigan Ave.
Telefonische Auskünfte unter 312-567-8500
Mo–Sa 9.30–19 Uhr, So 10–18 Uhr

Legendäre Clubs bereichern Chicagos Nachtleben

Wer den Wilden Westen pur erleben will, kommt an Flagstaff nicht vorbei. Die alte Eisenbahnerstadt gilt als »Tor zum Grand Canyon«.

Es war angeblich am 4. Juli 1876. Eine Gruppe von Abenteurern aus New England kam nach Nord-Arizona, angelockt von Geschichten über fruchtbares Land und hervorragendes Klima für den Ackerbau. Um den 100. Jahrestag der Staatsgründung zu feiern, hißten die Siedler eine Flagge. Einige Tage später allerdings verließ die Truppe entmutigt die Gegend, die sich ihnen längst nicht so einladend wie erwartet präsentierte. Was blieb, war die Flagge, die jahrelang als Orientierung in dem unwirtlichen Land galt und der Siedlung, die später an dieser Stelle gegründet wurde, ihren Namen gab: Flagstaff.

Der Ort mit seinen 55 000 Einwohnern ist zwar **die** »Metropole« im nördlichen Arizona, im Vergleich zu anderen Städten entlang der Route natürlich eher ein Kuhdorf. Trotzdem kann Flagstaff in touristischer Hinsicht mit größeren »Kollegen« mühelos mithalten. Dabei hilft die Nähe zum Grand Canyon, die die Stadt zum beliebtesten Ausgangspunkt für einen Ausflug an die berühmte Schlucht gemacht hat. Flagstaff selbst bemüht sich erfolgreich, Canyon-Fans mehr zu bieten als nur ein Bett und etwas

Flagstaff

■ E 7

zu essen. Inzwischen ist die Stadt selbst zu einer kleinen Touristenattraktion geworden. Flagstaff profitiert dabei natürlich von seiner Lage an der immer populärer werdenden Route 66 und zwischen den beiden Indianerreservaten der Navajo und Hopi. Außerdem trägt die wintersporttaugliche Höhe von Flagstaff (mehr als 2000 Meter Höhe) dazu bei, daß der Besucherstrom in die Stadt nie versiegt. Die Stadt hat sich auf ihre geldbringenden Gäste eingestellt. Eine liebevoll angelegte »Altstadt« erweckt die Pionierzeit wieder zum Leben. Die Westernhäuser, die entweder restauriert oder originalgetreu nachgebaut sind, ermöglichen den Touristen eine kleine Zeitreise. Nur die Preise für Essen und Trinken versetzen abrupt in die 90er Jahre.

Klimatisch hat Flagstaff im Sommer mit durchschnittlich höchstens 27 Grad (im Juli) meist angenehme Temperaturen zu bieten. An nur etwa drei Tagen im Jahr übersteigt die Quecksilbersäule die 32-Grad-Marke, in den Wintermonaten kann es empfindlich kalt werden. An fast 300 Tagen im Jahr scheint in Flagstaff die Sonne.

Der Grand Canyon bietet sich für Wanderungen und Pferdeausritte an

SEHENSWERTE ORTE UND AUSFLUGSZIELE

Hotels und andere Unterkünfte

Embassy Suites
Ein moderner Vertreter der beliebten Suite-Hotels. Jedes Zimmer besteht aus einem Schlafraum und einem separaten Wohnbereich. Umfangreiches Frühstück. Beheizter Swimmingpool.
706 South Milton Rd.
Tel. 1-520-774-4333
Fax 520-774-0216
Mittlere Preisklasse

Motel 6
In einer Stadt, deren Hotel-Übernachtungspreise saisonal stark schwanken, ist es beruhigend zu wissen, daß die Billig-Kette Motel 6 gleich dreimal vertreten ist.
2010 E. Butler Ave.
Tel. 520-774-8756, Fax 520-774-2067
2440 E. Lucky Lane
Tel. 520-774-8756, Fax 520-774-2067
2745 S. Woodlands Village Blvd.
Tel. 520-779-3757, Fax 520-774-2137
Untere Preisklasse

Sehenswertes

Arboretum
Dieses Pflanzen-Forschungszentrum mit dem unaussprechlichen Namen wurde 1981 gegründet. Auf dem Gelände sind Pflanzen aus Tundra, Regenwald und Wüste zu sehen. Das Institut hat sich der Erhaltung gefährdeter Pflanzenarten verschrieben. Das Eintrittsgeld, das nur in der Hochsaison erhoben wird, dient in voller Höhe diesem Ziel, das Projekt arbeitet ohne Profit.
Woody Mountain Rd.
Tel. 520-774-1441
Mo–Fr 10–15 Uhr (Okt.–April),
Mo–Sa 10–15 Uhr, So 12–15 Uhr (Mai–Sept.)
Eintritt 3 $ (Mai–Sept.), Okt.–April.
Eintritt frei, Führungen um 11 und 13 Uhr

Lowell Observatorium
Nicht irgendeine Sternwarte, sondern eine der bedeutendsten in Amerika, gegründet bereits 1894 vom Bostoner Geschäftsmann und

In Flagstaff brauchen Sie nicht gleich das erstbeste Motel zu nehmen

Wissenschaftler Percival Lowell. 1930 entdeckte Lowell von hier aus nach jahrzehntelangen Forschungen den Planeten Pluto. Die Tour beinhaltet einen Besuch in der Ausstellung »Werkzeuge eines Astronomen« und führt anschließend zum Teleskop.
1400 W. Mars Hill Rd.
Tel. 520-774-2096
Touren tgl. 10, 13 und 15 Uhr
Eintritt Erwachsene 2,50 $, Kinder 1 $

Museen

Pioneer Museum

Seit 1963 hält dieses Museum die Erinnerung an den Wilden Westen wach. Zur Ausstellung gehören alte Fotografien und Werkzeug der Pioniere. Großen Raum nimmt die Bildersammlung eines gewissen Emerald Kolb ein, der von 1902–1906 den Grand Canyon fotografierte. Sehenswert ist auch das Haus, in dem das Museum einen Platz gefunden hat: Das 1908 erbaute Gebäude diente bis in die 60er Jahre als Krankenhaus.
2340 North Fort Valley Rd.
Mo–Sa von 9–17 Uhr, an einigen Feiertagen geschl.
Eintritt frei, Spenden erbeten

Einkaufen

Die **Flagstaff Mall** an der Route 66 vereint 65 Fachgeschäfte und drei Kaufhäuser unter einem Dach und ist als einzige Mall in Nord-Arizona klimatisiert.

Am Abend

Museum Club (»The Zoo«)

Der Museum Club ist schlicht und einfach das wahrscheinlich beste Tanzlokal zwischen Oklahoma City und Los Angeles. An beinahe jedem Abend der Woche

TopTen 2

spielen hier, oft bei freiem Eintritt, hervorragende Country-Bands, vielleicht haben Sie Glück und erleben e nen Auftritt von Willie Nelson mit. Auch für die Einheimischen ist »The Zoo« die erste und einzige Adresse. Sie veranstalten jeden Abend im Museum Club eine Party, die das Vorurteil vom verschlafenen Hinterwäldler schnell beseitigt. Ein Muß seit 1931!
3404 E. Route 66
Tel. 520-526-9434
Tgl. von 12–1 Uhr
Eintritt je nach Band, oft frei

Service

Auskunft

Flagstaff Convention and Visitors Bureau
323 West Aspen Ave. (tatsächliche Adresse) bzw. 211 West Aspen Ave. (Postanschrift)
Flagstaff, Arizona 86001-5399
Tel. 520-779-7611,
Fax. 520-556-1305
Mo–Fr 7–16 Uhr (Mai–Aug.), Mo–Fr 8–17 Uhr Sept.–April)

Internet

Flagstaff ist im World Wide Web unter »http://www.flafstaff.az.us/« zu erreichen.

Taxi

A Friendly Cab
Tel. 520-774-4444

Touren

Grand Canyon Travel Inc.
Tägliche Touren zum Grand Canyon.
1800 S. Milton Rd., Suite 12
Tel. 520-779-3311 oder
1-800-544-0362

Für die einen ist Los Angeles nichts als ein Moloch, für die anderen buchstäblich die »Stadt der Engel«. Jedenfalls wartet zum Abschluß der Reise ein Erlebnis.

Los Angeles
■ A 8

Wenn das Klischee von einer Stadt der Gegensätze irgendwo zutrifft, dann in Los Angeles. Sie weckt einerseits dank der Filme, die die stadteigene »Werbeagentur« Hollywood in alle Welt verschickt, Sehnsüchte wie wahrscheinlich keine zweite Metropole. Andererseits erschreckt die »City of Angels« immer wieder mit Meldungen über Rassenunruhen, Bandenkriminalität, Waldbrände und Erdbeben. Es gibt nur eine Möglichkeit, die Widersprüche aufzulösen: Machen Sie sich Ihr eigenes Bild. Nehmen Sie sich dazu aber genügend Zeit: Los Angeles erstreckt sich über 3000 Quadratkilometer und fünf Landkreise. Längst hat sich der gefräßige Moloch Städte wie Santa Monica und Hollywood einverleibt.

Kaum zu glauben, daß es nicht viel mehr als 200 Jahre dauerte, bis aus einem unbesiedelten Fleckchen Erde die Riesenstadt LA wurde, in der mehr als 15 Millionen Menschen leben. Nur 22 Männer, elf Frauen und elf

Mobilität total: auf den vielspurigen Freeways in LA wird ihr gehuldigt

Kinder gründeten am 4. September die Stadt »El Pueblo de Nuestra Señora La Reina de Los Angeles de Porciuncula«. Verständlich, daß der Rattenschwanz-Name schnell auf das noch heute übliche Los Angeles gekürzt wurde. 1860 – LA war kurzzeitig die Hauptstadt der mexikanischen Provinz Alta California – lebten 4485 Menschen in der Stadt, damals ein Prozent der gesamten amerikanischen Bevölkerung. Wie für fast alle Städte entlang der Route 66 begannen auch für die wachsende Metropole am Pazifik goldene Zeiten, als 1885 die Santa-Fe-Eisenbahn eintraf. Ölfunde taten ein übriges, um die Einwohnerzahl bis zur Jahrhundertwende auf 100 000 anschwellen zu lassen.

In Venice Beach leben Selbstdarsteller und alternative Künstler

Der Rest ist Geschichte

Die Stadt, in der an 360 Tagen im Jahr die Sonne scheint, wurde zum Hauptquartier der noch jungen Filmbranche, die sich mit der ersten Oscar-Verleihung 1929 selbst ein Denkmal setzte. Industrien siedelten sich an, Los Angeles wurde unter anderem die Hauptstadt der Flugzeugbauer. Spätestens mit Austragung der Olympischen Spiele 1932 erfuhr Los Angeles auch internationale Anerkennung.

In dieser Zeit wurden in der Küsten-Metropole aber auch Entscheidungen getroffen, die die Auswirkungen bis heute haben: Das uneingeschränkte »Ja« zum Individualverkehr und der Bau schier unendlich vieler Autobahnen, Freeways und Interstates führte in der Folge zu Verkehrsproblemen, an deren Lösung die Stadt bis heute vergeblich arbeitet.

Nichtsdestotrotz – lassen Sie sich anstecken von der kalifornischen Variante des »American Way of Life«: Die Menschen sind »easy-going«, genießen das Leben. Die Jacke können Sie dabei ruhig im Auto lassen. Los Angeles hat während des ganzen Jahres ein mildes Klima. Zwischen Juni und Oktober beträgt die durchschnittliche Tagestemperatur 27 Grad Celsius, zwischen November und Mai immerhin noch 21 Grad. Es ist ein Gerücht, daß es in Süd-Kalifornien niemals regnet. Zwischen November und März müssen Sie vereinzelt mit kürzeren Schauern rechnen.

Los Angeles

Interstate Highway	
Highways	
Route 66	
Top Ten	
Hotel	
Sehenswürdigkeit	
Flughafen	

N

10 km

Pazifischer Ozean

Hotels

Best Western Ocean View Hotel
Ein für LA-Verhältnisse preiswertes Hotel, das erfreulicherweise nur einen halben Block vom Strand von Santa Monica entfernt ist. Eine eher kleine Herberge, frühzeitiges Reservieren empfiehlt sich deshalb. Auf einen Swimmingpool müssen Sie in diesem Haus allerdings verzichten.
1447 Ocean Ave.
Santa Monica
65 Zimmer
Tel. 310-458-4888
Mittlere Preisklasse

Carmel by the Sea
Die preiswerteste Möglichkeit, die Nacht am Strand von Santa Monica zu verbringen. Knapp zwei Blocks trennen das Hotel von der Promenade.
210 Broadway
Santa Monica
Tel. 310-451-2469
Fax 310-393-4180
102 Zimmer
Untere Preisklasse

Shutters on the Beach
Das Shutters on the Beach in Santa Monica, nur wenige Minuten vom Ende der Route 66 entfernt, versetzte bei der Eröffnung selbst die an Superlative gewöhnten Bewohner von LA in Erstaunen. Im Shutters wohnen Sie direkt am Strand von Santa Monica, haben statt der üblichen Klimaanlage tatsächlich Flügeltüren, die Sie öffnen können und verfügen über jeden nur vorstellbaren Luxus bis hin zum Riesenfernseher mit Videorecorder.
1 Pico Blvd.
Santa Monica
Tel. 310-458-0030
Fax 310-458-4589
186 Zimmer, 12 Suiten
Luxusklasse

TOP TEN 3

Sehenswertes

Disneyland
(→ Mit Kindern unterwegs, S. 27)

Farmers Market
Der frühere Markt von Los Angeles wurde zur Touristenattraktion herausgeputzt und vereint nun 110 Geschäfte und Restaurants. Weil CBS-TV direkt um die Ecke seine Studios hat, weiß man nie, wem man auf dem Farmers Market begegnet.
6333 W. 3rd St.,
Los Angeles/Hollywood
Tel. 213-933-9211
Mo–Sa 9–18.30 Uhr, So 10–17 Uhr.

Grand Central Market
Im Gegensatz zum Farmers Market, der hauptsächlich als Touristenattraktion dient, ist der Grand Central Market seit 1917 tatsächlich der Marktplatz für die Innenstadt. 50 Händler verleihen der Halle Flair, das Essen an den Restaurant-Ständen ist köstlich.
317 S. Broadway
Los Angeles
Tel. 213-624-2378
Mo–Sa 9–18 Uhr, So 10–17 Uhr

Hollywood Walk of Fame
Die Idee der in den Boden eingelassenen Sterne für Berühmtheiten des Film- und Show-Business wurde oft kopiert. Das Original ist aber unübertroffen. Das zentrale Stück des Walk of Fame befindet sich auf dem Hollywood Boulevard zwischen Gower und Sycamore.

Santa Monica Pier
Der Endpunkt jeder Route-66-Reise ist inzwischen liebevoll restauriert und lädt zum Flanieren ein.
Ocean Ave., Ecke Colorado Blvd
Santa Monica
Tel. 310-458-8900
Tgl. geöffnet

Universal Studio Tours

Seit Jahrzehnten ein Klassiker bei allen L. A.-Besuchern: Schauen Sie hinter die Kulissen so berühmter Filme wie »Psycho«, »Erdbeben«, »Der weiße Hai«, »E.T.« oder »Familie Feuerstein«.
100 Universal City Plaza
Los Angeles/Hollywood
Tel. 818-508-9600
Einlaß tgl. 8.30 bis mindestens 16 Uhr, geöffnet bis 19 Uhr, im Sommer bis 23 Uhr
Eintritt Erwachsene 31 $, Kinder (3–11) 24,95 $

Museen

Museum of Contemporary Art

Das »Moca« wurde erst 1986 eröffnet und ist eines der modernsten Museen der Stadt. Allein der avantgardistische Bau des Japaners Arata Isozaki erweckt zwischen den Downtown-Wolkenkratzern gehöriges Aufsehen.
Di, Mi, Fr, Sa und So 11–17 Uhr, Do 11–20 Uhr

Eintritt Erwachsene 6 $, Senioren und Studenten 4 $
Do von 17–20 Uhr freier Eintritt

J. Paul Getty Museum

Die größte und kostbarste private Kunstsammlung der Welt liegt etwas außerhalb von Los Angeles in Malibu. Parkplätze am Getty Museum sind knapp, telefonische Reservierung erbeten.
17985 Pacific Coast Highway
Malibu
Di–So 10–17 Uhr
Eintritt frei

Natural History Museum

Das naturhistorische Museum verfügt über die unvorstellbare Zahl von 16 Mio. Ausstellungsstücken.
900 Exposition Blvd./Exposition Park
Los Angeles
Di–So 10–17 Uhr
Eintritt Erwachsene 8 $, Kinder (5–12) 3 $, Senioren/Studenten 5,50 $, Eintritt frei am ersten Di des Monats

DER BESONDERE TIP

Mann's Chinese Theater Für einen erstaunlich billigen Eintrittspreis können auch Normalsterbliche eine Vorstellung in diesem Kino miterleben, in dem seit 1927 alle großen Hollywoodstreifen ihre glanzvolle Premiere haben. 1927 blieb die Schauspielerin Norma Talmadge versehentlich mit dem Schuh im Zement hängen, von da an hinterließen viele Hollywoodgrößen ihre Spuren vor Mann's Chinese Theatre. 6925 Hollywood Blvd., Los Angeles/Hollywood, Tel. 213-461-3331, Eintritt Erwachsene 7,50 $, Kinder (unter 12 Jahren) und Senioren 4,50 $

Essen und Trinken

Coast Café
Genießen Sie Ihr Abendessen auf
dem Balkon mit Blick auf das Meer.
Formlose Atmosphäre, gute Küche.
Loews Santa Monica Beach
Santa Monica
Tel. 310-458-6700
Tgl. 6.30–22.30 Uhr
Mittlere Preisklasse

The Galley
Seit 1934 im Herzen von Santa Monica, gut wie eh und je. Ungewöhn-
lich für Amerika: Es ist möglich, auf
der Terrasse zu essen. Spezialität:
Steaks.
2442 Main St.
Santa Monica
Tel. 310-452-1934

The Pantry
Eines des außergewöhnlichsten
Restaurants von Los Angeles: Das
Pantry hat seit mehr als 70 Jahren
ununterbrochen 24 Stunden am Tag
geöffnet und rühmt sich, die größten
Portionen weit und breit zu servie-
ren. Jeden Tag müssen 20 Rinder
ihren Kopf für die Gäste des Pantry
hinhalten. Auch Humphrey Bogart
hat es hier geschmeckt.
877 S. Figueroa St.
Los Angeles
Tel. 213-627-6879
Rund um die Uhr geöffnet
Mittlere Preisklasse

Einkaufen

Beverly Center
Vielleicht eines der exklusivsten
Einkaufszentren im Raum Los An-
geles, auf jeden Fall aber eines der
größten. 200 Fachgeschäfte, 2 Kauf-
häuser, 13 Kinos und die örtliche
Filiale des Hard Rock Cafés lassen
wahrlich keinen Wunsch offen.
8500 Beverly Blvd.
Los Angeles
Mo–Fr 10–21 Uhr, Sa 10–20 Uhr,
So 11–18 Uhr

Hier wurde Kinogeschichte geschrieben: Mann's Chinese Theater

SEHENSWERTE ORTE UND AUSFLUGSZIELE

Citadel Outlet Collection
Ketten wie **The Gap, Ann Taylor**
oder **Benetton** verkaufen in diesem
denkmalgeschützten Gebäude Kleidung aus auslaufenden Kollektionen
um bis zu 70 Prozent reduziert.
5675 E. Telegraph Rd.
City of Commerce
Mo–Sa 10–20 Uhr, So 10–18 Uhr

The Cockpit
Auf Fliegerbekleidung hat sich dieser Laden spezialisiert. Eine ähnlich
große Auswahl dürften Sie in Europa
wohl vergeblich suchen.
9609 Santa Monica Blvd.
Beverly Hills

Hollywood Book and Poster Co.
Das Dorado für den Filmfan. Poster,
Autogramme und alte Drehbücher
gibt es hier zu teilweise gepfefferten
Preisen. Tip: Stellen Sie vor dem
Kauf in ähnlichen Läden, z. B. auf
dem Hollywood Blvd., Preisverglei-
che an.
1706 N. Las Palmas Ave.
Los Angeles/Hollywood

Am Abend

Das Nachtleben von L. A. ändert
sich mit rasantem Tempo. Wenn Sie
wissen wollen, was gerade in Los
Angeles angesagt ist, lesen Sie die
Veranstaltungszeitung »LA Weekly«,
die in vielen Restaurants und Boutiquen ausliegt.

Denim and Diamonds
Obwohl Sie als Route-Reisender
die Midwest-Region lange hinter
sich haben, weckt ein Abend im
Tanzclub der Country- und Western-
freunde sicher angenehme Erinne-
rungen mit Musik von Garth Brooks,
Reba McIntire, Vince Gill und anderen Stars der Szene. Dies ist Ihre
letzte Chance, Countrytänze zu ler-
nen, denn Sonntags 17–19 Uhr ist
Tanzschule.
3200 Ocean Park Blvd.
Santa Monica
Tel. 310-452-3446
Mo–Sa 19–2 Uhr
Eintritt Fr und Sa nach 20 Uhr 5 $,
sonst frei

Der Pier in Santa Monica bietet einen Vergnügungspark mit vielen Attraktionen

Hard Rock Café

Diese Filiale der inzwischen welt-
bekannten Lokal-Kette ist eine der
größten und deshalb leider ein
wenig steril. Trotzdem ist das Hard
Rock Café immer noch einer der
»coolsten« Plätze, um den Abend
zu beginnen oder ihn zu beenden.
8600 Beverly Blvd.
Los Angeles
Tel. 310-276-7605

Harvelle's Blues Club

Dieser Top-Blues-Club ist bereits
seit 1931 erste Wahl der Fans dieser Musikrichtung. Jeden Abend
treten hervorragende Live-Bands
auf. Tanzen ist ausdrücklich erwünscht.
1432 Fourth St.
Santa Monica
Tel. 310-395-1676
Tgl. 20–2 Uhr
Eintritt 3–7$ (je nach Band), Mo frei

The Shark Club

Salsa Bands sorgen Abend für
Abend für heiße Latin-Nights in die-
sem stilvollen Club – samstags auch
Salsa- und Merengue-Unterricht.
1024 S. Grand Ave.
Los Angeles
Tel. 213-747-0999

Service

Auskunft

**Los Angeles Convention &
Visitors Bureau**
633 W. Fifth St., STE 6000
Los Angeles, CA 90071
Tel. 213-624-7300, Fax 213-624-9746

Visitor Information Center
685 S. Figueroa St. (zwischen Wil-
shire Blvd. und 7th St.)
Tel. 213-689-8822
Mo–Fr 8–17 Uhr, Sa 8.30–17 Uhr

**Hollywood Visitor Information
Center**
The Janes House, Janes Square,
6541 Hollywood Blvd.
Hollywood
Tel. 213-689-8822
Mo–Sa 9–17 Uhr
Santa Monica Visitor Center
1400 Ocean Ave.
Santa Monica
Tel. 310-393-7593, tgl. 10–16 Uhr,
im Sommer 10–17 Uhr

Hotel

Central Reservation Service
Tel. 407-339-4116, Fax 407-339-4736
Hotel Reservations Network
Tel. 214-361-7311, Fax 214-361-7299

Taxi

Checker Cab
Tel. 213-876-2920
Independent Cab
Tel. 310-659-8294
Yellow Cab
Tel. 213-481-2345

Tickets

A Musical Chair
Konzert- und Theaterkarten zu
günstigen Preisen.
Tel. 310-207-7070
Audiences Unlimited
Karten für Fernsehshows.
Tel. 818-506-0043
Hollywood Group Services
Karten für Fernsehshows, Reservie-
rung zehn Tage im voraus erbeten.
Tel. 818-556-1516
Murray's Tickets and Tours
Diverse Veranstaltungen.
Tel. 213-234-0123
Theater LA
Kostenloser Veranstaltungsplan,
Restkarten zu verbilligten Preisen.
644 S. Figueroa St.
Keine telefonische Reservierung

Auf halber Strecke zwischen der Metropole Chicago und der Megastadt Los Angeles geht es in Oklahoma City eher beschaulich zu.

Oklahoma City

■ O 7

Bis zum Morgen des 19. April 1995 war Oklahoma City, die Hauptstadt von Oklahoma, eine Stadt im Dornröschenschlaf. Denn bevor ein Fanatiker das Murrah Federal Building im Herzen der City in die Luft sprengte und dabei fast 200 Menschen tötete, gehörte Oklahoma City zu den eher unbekannten Metropolen im Land. Die, die sich trotzdem in diese Stadt »verirrten«, lernten ihre Bewohner als äußerst herzliche und gastfreundliche Menschen kennen. »Okies«, wie sie sich selber nennen, mögen zwar etwas langsamer sein (das zeigt sich schon bei ihrem Dialekt), aber das ist im schnellebigen Amerika nicht unbedingt von Nachteil. Dafür gilt ihr Wort – und Nepp an Touristen ist ihnen fremd.

Wie beinahe überall im Bundesstaat läßt sich auch in Oklahoma City der Tag exakt bestimmen, an dem sich hier die ersten Amerikaner niederließen. Es war der 22. April 1889, an dem das ehemalige Indianerland zur Besiedlung freigegeben wurde. Als am 4. Dezember 1928 Öl gefunden wurde, war das der Startschuß für die Entwicklung der Stadt zu einem Zentrum der Energiewirtschaft. Die meisten amerikanischen Energiefirmen haben eine Niederlassung in Oklahoma City, einige sogar ihren Hauptsitz. Die Bedeutung des »schwarzen Goldes« für die Stadt ist auch an einem Kuriosum der besonderen Art ersichtlich: Sogar direkt vor dem Capitol, also auf dem Regierungsgelände des Bundesstaates Oklahoma, wird Öl gefördert. Ein weiteres Standbein für die Industrie in Oklahoma City ist heute auch die Luftfahrt-Branche.

Landwirtschaft und Viehzucht haben ebenfalls entscheidenden Einfluß auf den Wohlstand der Stadt. Der größte Viehmarkt der Welt, der Oklahoma National Stockyard, unterstreicht die Bedeutung der Landwirtschaft für die Region. Beinahe eine Million Tiere werden hier jährlich versteigert.

Oklahoma City, in 400 Metern Höhe gelegen, gilt als eine der sonnenreichsten Städte der Vereinigten Staaten. Dabei übersteigen die Temperaturen selbst im August nur selten die Grenze von 33 Grad Celsius. Die tiefsten Temperaturen werden im Januar und Februar mit acht Grad Celsius gemessen.

Kontrastprogramm: Trubel in Oklahoma City, im Umland die öden Great Plains

SEHENSWERTE ORTE UND AUSFLUGSZIELE

Hotel/Motel

Fifth Season Hotel and Suites

Trotz seines Namens eine Mischung aus Hotel und Motel. Im Karree gebaut, ist der Zugang zu den Zimmern sowohl über den Parkplatz als auch über das Atrium des Hauses möglich. Erstaunlich die Extras, die im Preis inbegriffen sind: Frühstück, kostenloser Kaffee und Tageszeitung ins Zimmer, kostenlose Cocktails am Abend, überdachter Pool und kostenloser Bustransfer zu den Attraktionen in der Nähe.
NW 63rd/Broadway Extension
Tel. 405-843-5558 oder
1-800-682-0049
202 Zimmer
Mittlere Preisklasse

Sehenswertes

Bricktown

Der einstige Warenhausdistrikt von Oklahoma wurde renoviert und ist jetzt ein attraktives Bummel-Ziel für Besucher und Bewohner von Oklahoma City. Tagsüber beherrschen Antiquitätengeschäfte und Galerien das Bild, abends machen ein Dutzend Restaurants und Clubs Bricktown zur ersten Adresse von Gourmets und Nachtschwärmern.
Östlich vom Myriad Convention Center
Tel. 405-236-2210
Unterschiedliche Öffnungszeiten
(Clubs bis 2 Uhr morgens)

Enterprise Square

Natürlich gibt es auch in Oklahoma eine Attraktion, zu der es angeblich weltweit kein Gegenstück gibt: Hier heißt es Enterprise Square und beleuchtet die Geschichte des freien Unternehmertums im Land der unbegrenzten Möglichkeiten. Zu den Höhepunkten der Zweistundentour gehören singende Dollar-Noten und tanzende Roboter.
2501 E. Memorial Rd.
Tel. 405-425-5030
Mo–Fr 9–16 Uhr (Sommer bis 17 Uhr), Sa 9–17 Uhr, So 13–16 Uhr
Eintritt Erwachsene 5 $, Senioren 3,50 $, Kinder (6–18 Jahre) 3 $

Oklahoma City Zoo

(→ Mit Kindern unterwegs, S. 27)

DER BESONDERE TIP

National Cowboy Hall of Fame Weil jede Stadt eine Hall of Fame braucht, wollte auch Oklahoma City auf diesem Gebiet nicht zurückstehen. Also ehrte man hier den Cowboy, der für die Entwicklung des Bundesstaates unverzichtbar war. Herausgekommen ist eines der populärsten Museen in Oklahoma City, in dem unter anderem eine Sammlung klassischer Western-Kunst gezeigt wird. Die authentische Straße einer Westernstadt mit Postkutschen-Depot und Sheriffsbüro lädt zum Flanieren ein. Hier und auch sonst an vielen Stellen des Museums sind Überraschungen garantiert. 1700 N.E. 63rd St., Juni–Aug. tgl. 8.30–18 Uhr, Sept.–Mai tgl. 9–17 Uhr, Eintritt Erwachsene 6 $, Senioren 5 $, Kinder (6–12 Jahre) 3 $

Myriad Botanical Gardens
Mitten in der Innenstadt liegt dieser
botanische Garten. Kernstück der
Anlage ist das sechsstöckige
**Crystal Bridge Tropical Conser-
vatory**, mit einer umfangreichen
Sammlung von Palmen, Blumen
und Pflanzen aus aller Welt.
100 Myriad Gardens, Ecke Reno &
Robinson
Tel. 405-297-3995
Tgl. 9–18 Uhr
Eintritt Erwachsene 3 $, Senioren
2 $, Kinder (4–12 Jahre) 1,25 $,
Außengelände kostenlos

State Capitol
Die Öl-Förderpumpe im Vorgarten
der Regierung macht dieses Capitol
einmalig. Auch die fehlende Kuppel
hebt dieses Gebäude von denen in
anderen Staaten ab, die sich meist
gleichen wie ein Ei dem anderen.
N.E. 23rd and Lincoln Blvd.
Tel. 405-521-3356
Tgl. 8–16.30 Uhr, Touren zur vollen
Stunde von 8–15 Uhr
Eintritt frei

Stockyards City
Das älteste und größte Auktions-
gelände für Vieh ist wenige Minuten
von Downtown entfernt für Besu-
cher geöffnet. Angeblich bieten die
Händler in der Nähe die beste We-
stern-Ware weit und breit. Natürlich
dürfen auch einige vorzügliche
Steakhäuser nicht fehlen.
Exchange Ave.
Tel. 405-235-8675
Restaurants und Geschäfte tgl.
Auktionen Mo und Di ab 8 Uhr

White Water Bay
(→ Mit Kindern unterwegs, S. 27)

Die Sammlung John Waynes in der
National Cowboy Hall of Fame ist eine
Freude für jeden Cowboyfan

Museen

45th Infantry Division Museum
Das Kriegsmuseum gilt als eines
der interessantesten seiner Art. Zu
den Höhepunkten des Rundgangs
gehört – zumindest für Amerikaner –
die Sammlung von Beutestücken
aus dem Besitz Adolf Hitlers.
2145 N.E. 36th St.
Di–Fr 9–16.15 Uhr, Sa 10–17 Uhr,
So 13–17 Uhr
Eintritt frei

Kirkpatrick Center
Dieser riesige Museen-Komplex
ist auch im schnellen Amerika fast
zuviel für einen Tag.
2100 N.E. 52nd St.
Mo–Sa 9–18 Uhr, So 12–18 Uhr
(Sommer), Mo–Fr 9.30–17 Uhr, Sa
9–18 Uhr, So 12–18 Uhr (Winter)
Eintritt Erwachsene 6 $, Kinder
(3–12 Jahre) 3,50 $, Senioren 4 $

SEHENSWERTE ORTE UND AUSFLUGSZIELE

Essen und Trinken

Applewoods
Üblicherweise ist Umfragen nicht blind zu trauen, die ein Restaurant als bestes weit und breit wählen. Bei Applewoods sollte man jedoch eine Ausnahme machen, den das Oklahoma-City-Original taucht in sämtlichen Umfragen regelmäßig an einer der ersten Stellen auf. Also: Eine eigene Meinung bilden. Spezialität sind natürlich Fleischgerichte aller Art.
4301 S.W. 3rd St.
Tel. 405-947-8484
Mittlere Preisklasse

Cattlemen's Steakhouse
Seit 1910 werden in diesem traditionsreichen Restaurant direkt am Auktionsgelände Stockyards City (→ Sehenswürdigkeiten) saftige Steaks serviert. 1945 erlebte Cattlemen's Steakhouse einen der spektakulärsten Besitzerwechsel in der Geschichte der Gastronomie. Bei einem wilden Würfelspiel gewann ein gewisser Gene Wade das Restaurant.
1309 S. Agnew
Tel. 405-236-0416
So–Do 6–22 Uhr, Fr und Sa 6–24 Uhr
Mittlere Preisklasse

The Spaghetti Warehouse
Wem immer nur Fleisch auf die Dauer zuviel wird, sollte es mit dem Spaghetti Warehouse im Bricktown-Vergnügungsviertel versuchen. Die Spezialität, eine 15lagige Lasagne, ist nur bei Riesen-Appetit zu empfehlen.
101 E. Sheridan/Bricktown
Tel. 405-235-0402
Mittlere Preisklasse

Einkaufen

Choctaw Indian Trading Post
Indianerschmuck und -kunst gibt es hier zu vertretbaren Preisen. Allerdings nicht vergessen, daß es weiter westlich auf der Route noch viel mehr Läden dieser Art gibt.
1500-1520 N. Portland
Tel. 405-947-2490
Tgl. 10–18 Uhr, So 13–17 Uhr

Langston's
Die erste von vielen Möglichkeiten, echte Cowboy-Boots und andere Western-Ware zu erstehen. Langston's hat gleich drei Filialen in der Stadt und verkauft auch Stiefel aus exotisch anmutenden Materialien, etwa aus Pythonhaut.
Historic Stockyards
Ecke Exchange and Agnew
109 E. Atkinson Plaza
Shields Plaza, 7301 Shields
Tel. 405-634-2483

Oklahoma Trading Post
Der Laden ist angeblich der größte Anbieter von Western-Artikeln in der ganzen Stadt. Sie können alles bekommen: von Moccasins über Indianerschmuck bis hin zu Tonkrügen, Cowboy-Gürteln und Hüten.
4700 N.E. 120th St.

Penn Square Mall
Das Einkaufszentrum der Stadt, in dem sowohl Filialen von nationalen Ketten als auch lokale Geschäfte aus Oklahoma City einen Platz gefunden haben, beherbergt insgesamt 130 Geschäfte und natürlich einen Food Court. Keine Mall, für die sich der weiteste Weg lohnen würde.
Northwest Expressway at Pennsylvania
Tgl. 10–21 Uhr, So 13–18 Uhr

Am Abend

City Blues
Der berühmteste Nightclub von
Oklahoma City (wobei, zugegeben,
die Konkurrenz nicht gerade groß
ist). Tgl. Live-Auftritte von Blues-
Sängern und Bands.
4401 W. Reno
Tel. 405-946-2587
Tgl. 17–2 Uhr

Hooters
Restaurant- und Bar-Kette mit
Filialen überall im Land. Mangels
»Nightlife« in Oklahoma City eine
gute Adresse, um sich von den
berühmt-berüchtigten Hooters-Girls
ein kühles Bier servieren zu lassen.
3025 N.W. Expressway
Tel. 405-848-9468

Service

Auskunft

Cklahoma City Convention &
Visitors Bureau
12E Park Ave.
Cklahoma C ty, OK 73102
Tel. 405-297-8900 oder
1-800-225-5652

Aktuelle Veranstaltungshinweise
Tel. 405-840-8000, Anschluß 3000

Internet
O<lahoma City ist unter der Adresse
»http://www keytech.com/okc/okch
ome.shtml« m World Wide Web
des Internet vertreten.

Tickets

Ticket Source
1 Myriad Gardens
Tel. 405-297-3000

Nach dem Auktionsbesuch zum Essen ins Cattlemen's Steakhouse

Der »Gateway Arch« beschreibt auch heute noch die Funktion, in der sich St. Louis seit den Pioniertagen sieht: als Tor zum Westen.

Der Zusammenfluß von Mississippi und Missouri zum mächtigen »Ol' Man River« veranlaßte schon im 18. Jahrhundert französische Fellhändler, hier einen Handelsposten zu errichten. St. Louis, benannt nach dem französischen König Ludwig der Heilige, wurde schnell nach seiner Gründung 1764 zur bedeutendsten Stadt westlich von New York, ein Titel, den die Metropole erst im 19. Jahrhundert an Chicago verlor. Von St. Louis aus starteten die großen Trecks westwärts. In der Stadt bildete sich gleichzeitig eine multikulturelle Gemeinde, überdurchschnittlich reich an handwerklichem Geschick und auch reich im monetären Sinne.

Ein amerikanisches Mythos

Der Mythos des Abenteurers, der von St. Louis aus die Grenzen hinter sich läßt, hielt bis ins 20. Jahrhundert an. Charles Lindbergh nannte sein Flugzeug, mit dem er als erster Mensch nonstop den Atlantik überquerte, »Spirit of St. Louis«. Die Gemini-Kapsel, in der der erste Amerikaner in den Weltraum startete, wurde in der Metropole am

St. Louis

■ S4/T 4

Mississippi gefertigt. Seit der Weltausstellung 1904 stehen der Hot dog, der Hamburger und der Eistee millionenfach nicht nur auf dem Speiseplan Amerikas.

Wer heute nach St. Louis kommt, lernt die Stadt als sympathisch, gastfreundlich und erstaunlich preiswert kennen. Die bedächtige Easy-going-Atmosphäre, die in St. Louis vorherrscht, kann leicht darüber hinwegtäuschen, daß in der Stadt auch das Big Business zuhause ist. In St. Louis haben einige der 500 größten amerikanischen Firmen ihren Hauptsitz – mehr als in jeder anderen Stadt des Mittleren Westens, Chicago einmal ausgenommen. Zu den ganz großen gehören **McDonnell Douglas**, der weltweit drittgrößte Flugzeugbauer, und die **Anheuser-Busch-Brauerei**.

Der Frühling kündigt sich in St. Louis mit Temperaturen zwischen 10 und 20 Grad Celsius sowie gelegentlichen Regenschauern an, im Sommer wird es bis zu etwa 30 Grad warm, im Herbst werden bei oft dichter Wolkendecke wiederum zwischen 10 und 20 Grad Celsius gemessen, und im Winter ist mit Frost zu rechnen.

Im Foyer des Gateway Arch gibt es ein Museum und ein Kino

SEHENSWERTE ORTE UND AUSFLUGSZIELE

Hotels

Drury Inn Gateway Arch

Eins der beliebten Suite-Hotels, das trotz aller Annehmlichkeiten (zwei Räume pro Suite, Kühlschrank, Mikrowellenherd) mit einem erstaunlich niedrigen Preis aufwartet. Als Bonus bietet das Hotel, von dem aus die Downtown-Attraktionen und Gateway Arch in wenigen Minuten zu erreichen sind, seinen Gästen kostenlose Parkplätze an.
711 N. Broadway
Tel. 314-231-8100
178 Zimmer
Mittlere Preisklasse

Hyatt Regency Union Station

Als neues luxuriöses Hotel in der renovierten und zur Touristenattraktion umgebauten **Union Station** (→ Sehenswertes) gehörte das Hyatt Regency vom Start weg zu den Top-Häusern in St. Louis. Der Luxus (unter anderem Pool, Sauna, Whirlpool, Fitneß-Raum) ist dabei bezahlbar geblieben.
1 St. Louis Union Station
Tel. 314-231-1234
538 Zimmer
Obere Preisklasse

Spaziergang

St. Louis mag zu den eher beschaulichen Großstädten Amerikas gehören, sein **Forest Park** aber schlägt alle Rekorde. Das grüne Gelände ist größer als der vielmals berühmtere Central Park in New York und beherbergt kilometerlange Spazierwege, Sport- und Spielplätze, das **St. Louis Art Museum**, das **History Museum**, den **Zoo** (tgl. 9–17 Uhr, im Sommer Di bis 20 Uhr, Eintritt frei)) und ein Freiluft-Amphitheater. Mitten in der Stadt finden Besucher und Bewohner von St. Louis gleichermaßen Entspannung und Erholung.

Sehenswertes

Anheuser Busch Inc.

Das Paradies für Biertrinker, zumindest für Freunde der amerikanischen Variante. Die weltgrößte Brauerei, Anheuser Busch, lädt ein zu einer Führung.
Broadway and Pestalozzi
Tel. 314-577-2626
Mo–Sa 9–16 Uhr
Eintritt frei

Gateway Arch

Die Attraktion in St. Louis schlechthin. Der mehr als 300 m hohe Stahlbogen soll die Bedeutung der Stadt als Tor zum Westen symbolisieren. Das Bauwerk, das aus der Ferne noch manchem wie ein halbes McDonalds-Zeichen, ist aus der Nähe atemberaubend schön. Trotz der bogenförmigen Form fahren kleine Gondeln in eine Aussichtsetage an der »Spitze« des höchsten Denkmals der Nation – eine spezielle Transporttechnik macht's möglich. Diese Tour durch das Innere des stählernen Riesen ist nichts für Gipfelstürmer mit Platzangst. Tickets morgens kaufen.
Jefferson National Expansion Memorial Park
Metrostation: Laclede's Landing
Tel. 314-425-4465
Touren tgl. 8.30–21.20 Uhr (Sommer), 9.30–17.20 Uhr (Winter); Museum tgl. 8–22 Uhr (Sommer) und 9–18 Uhr (Winter)
Gondelfahrt Erwachsene 5 $, Kinder (3–12) 2 $; Museum 2 $ pro Person, 4 $ pro Familie

TOPTEN 6

Laclede's Landing

Wo einst Pelzhändler und Kaufleute ihre Waren lagerten, entstand ein Amüsierviertel mit besonderem Charme. Eine Ansammlung von kleinen Geschäften, Restaurants, Clubs und Musik-Kneipen hat die neun Blocks zwischen den beiden Mississippi-Brücken Eads Bridge und M. L. King Bridge zu einer der ersten Adressen der Stadt gemacht. Informationen über Veranstaltungen unter Tel. 314-241-5860

National Bowling Hall of Fame

Besucher können ihr Kegeltalent entweder auf ultramodernen oder ganz alten Bahnen testen.
111 Stadium Plaza
Metrostation: Busch Stadium
Tel. 314-231-6340
Mo–Sa, 9–19 Uhr, So 12–17 Uhr (Sommer); Mo–Sa 9–17 Uhr, So 12–17 Uhr (Winter)
Eintritt Erwachsene 5 $, Kinder 2,50 $

Ted Drewes Frozen Custard

Sowohl ein St.-Louis- als auch ein Route-66-Original. Generationen von Einheimischen und Durchreisenden haben sich hier ein Shake mixen lassen. Lange Warteschlangen nach den Heimspielen der St. Louis Cardinals.
6724 Chippewa
Tel 314-481-2652

Union Station

Für diesen Bahnhof war der Zug scheinbar längst abgefahren. Jetzt beginnt die Union Station, einst die größte Eisenbahn-Knotenpunkt des Landes, eine zweite Karriere als Unterhaltungs- und Vergnügungskomplex. In der liebevoll restaurierten Grand Hall, dem einstigen Wartesaal, warten jetzt 120 Geschäfte, Restaurants und Kneipen auf Kunden.
Market St. von 18th bis 20th St.
Metrostation: Union Station
Tel. 314-421-6655
Öffnungszeiten variieren je nach Geschäft; Grand Hall Mo–Do 10–21 Uhr, Fr und Sa 10–22 Uhr und So 11–19 Uhr

Ein Ausflug auf einem Schaufelraddampfer am Mississippi versetzt in die gute alte Zeit

Museen

Hundemuseum

Ein Museum ausschließlich über den besten Freund des Menschen. Trotz seiner reichen Sammlung von Skulpturen Malereien und Fotos reichlich skurril.
1721 S. Mason Rd.
D –Sa 9–17 Uhr, So 12–17 Uhr
Eintritt Erwachsene 3 $, Kinder 1 $

National Museum of Transport

Ein umfassender Überblick über fast zwei Jahrhunderte Verkehrsgeschichte wird in diesem Museum geboten.
3015 Barrett Station Rd.
Tgl. von 9–17 Uhr, Thanksgiving, Weihnachten und Neujahr geschl.
Eintritt Erwachsene 4 $, Senioren 1,50 $, Kinder (5–12 Jahre) 1,50 $

SEHENSWERTE ORTE UND AUSFLUGSZIELE

Essen und Trinken

Armighetti's

Nicht nur der italienischstämmige Teil von St. Louis schwört auf Mama Armighetti's »Special Sub Sandwich« und ihr selbstgebackenes Brot. Unter den preiswerten italienischen Restaurants wurde dieses mehrfach zum besten der Stadt gewählt. Der Original-Laden ist inzwischen ein Wahrzeichen von St. Louis.
5141 Wilson St.
Tel. 314-776-2855
Untere Preisklasse

O.T. Hodge Chili Parlor

Ein Klassiker in St. Louis seit 1904. Preiswertes, hervorragendes Chili, serviert in einem Haus mit Geschichte. Wenn es im Stammhaus der Kette voll ist, lassen Sie sich nicht an eine Filiale verweisen. Die Bewohner von St. Louis akzeptieren auch nur das Original, das ihrer Meinung nach so untrennbar zur Stadt gehört wie Alka Seltzer.
1622 Jefferson Ave.
Tel. 314-772-1215
Untere Preisklasse

Einkaufen

Cherokee Street Antique Row

Wer an Antiquitäten (oder dem, was Amerikaner für antik halten) interessiert ist, kommt in den knapp 60 Geschäften der historisch bedeutsamen Cherokee Street voll auf seine Kosten. Die Einkaufsmeile, die sich über sechs Blocks erstreckt, ist nur fünf Minuten von der Innenstadt entfernt.
1900–2300 Cherokee St.

St. Louis Center

Eine Mall mitten in der Stadt. Eingerahmt von den Kaufhäusern Famous Barr und Dillards erstreckt sich diese vierstöckige überdachte Shopping-Landschaft mit ihren 130 Geschäften und dem Food Court »Taste of St. Louis« quer durch Downtown.
515 N. 6th St.
Metrostation Convention Center

St. Louis Galleria

180 Geschäfte, 6 Kinos und 18 Restaurants machen dieses Einkaufszentrum vor den Toren der Stadt zur größten Attraktion in Sachen Shopping.
Interstate 170 und Highway 40

DER BESONDERE TIP

Eine Alternative zu den Ausflugsschiffen, die unterhalb des Gateway Arch auf Kunden warten, ist ein Besuch der »Casino-Queen« auf der anderen Mississippi-Seite. Das Casino-Schiff legt zehnmal täglich zu Fahrten vorbei an der Skyline von St. Louis ab. Der Eintritt kostet nur 2 $, wobei man allerdings die Brieftasche im Hotelsafe lassen sollte. Sonst kann es passieren, daß die »Einarmigen Banditen« an Bord gerade in Ihnen ein willkommenes Opfer finden. East St.-Louis, Tel. 1-800-777-0777, erste Abfahrt 9 Uhr morgens

Am Abend

1860 Hard Shell Café and Bar

Mitten im historischen Soulard-Viertel mit seinen roten Backsteingebäuden liegt dieses traditionsreiche Blues-Lokal. Hier kann man diese Musikrichtung auf eine besondere Art arrangiert erleben, nicht so »down and dirty« wie in Mississippi, sondern eher als eine Mixtur aus Soul und Rhythm'n' Blues. Das Hard Shell Café ist umgeben von zahlreichen weiteren Blues-Bars, die in wenigen Minuten zu erreichen sind. Von der Atmosphäre her ist dieses Lokal mit seinem Innenhof aber die erste Adresse.
1860 S. 9th St.
Tel. 314-231-1860

Blueberry Hill

Dieses Lokal erinnert nur auf den ersten Blick an ein Hard Rock Café. Blueberry Hill aber ist ein Einzelstück, das es inzwischen zum Titel »Landmark« (Wahrzeichen) gebracht hat. Einmal-Besucher bestaunen die umfangreiche Sammlung von Musik-Erinnerungsstücken aus den 50er, 60er und 70er Jahren, Stammgäste schätzen die Bierauswahl, die Billardtische und die Musikbox, deren Musikauswahl einmal zur besten von ganz Amerika gewählt wurde. Am Wochenende geht im Elvis-Raum bei Live-Musik die Post ab.
6504 Delmar Boulevard
Metrostation Delmar
Tel. 314-727-0880

Hannegan's

Weil St. Louis in der Jazz-Szene eine ebenso bedeutende Rolle spielt wie beim Blues, fällt dem Besucher die Wahl zwischen Jazz- und Blues-Kneipen schwer. Wenn's Jazz sein soll, ist Hannegan's eine gute Adresse. In diesem originalgetreuen

Nachbau eines Senatoren-Speisesaals aus Washington treten die besten Bands der Stadt auf, die die Tradition von St.-Louis-Musikern wie Scott Joplin oder Miles Davis fortsetzen. Mitten im historischen Viertel Laclede's Landing (→ Sehenswertes) gelegen, kann das Hannegan's ein guter Ausgangspunkt sein für eine ausgiebige Szene-Tour.
719 N. 2nd St.
Tel. 314-241-8877

Service

Auskunft

Visitor Center
Informationen und Auskünfte erhalten Sie im **America's Center**.
7th St. Ecke Washington
Tel. 314-241-1764, 314-421-1023 oder 1-800-916-0092, Öffnungszeiten 8.30–17 Uhr.

Internet

St. Louis ist im World Wide Web des Internet unter der Adresse »http://www.st-louis.mo.us« zu erreichen.

Metro

Alle wichtigsten Sehenswürdigkeiten von Downtown sind mühelos zu erreichen. Der Clou: Zwischen den Stationen Laclede's Landing und Union Station ist die Fahrt mit der **Levee Line** zwischen 10 und 15 Uhr kostenlos. Außerhalb dieser Zeit kostet die einfache Fahrt einen Dollar.
Tel. 314-231-2345

Taxi

Taxis können Sie zum Beispiel bei **Allen** (Tel. 314-241-7722) oder bei m **Yellow Cab** (Tel. 361-2345) bestellen.

Ist der Wagen vollgetankt? Hat der Beifahrer seine Straßenkarten? Liegen ausreichend kalte Getränke in der Kühltasche? Dann kann es losgehen. 2500 Meilen Straße warten auf Sie.

Bedauerlicherweise wurde die einst durchgehende Verbindung von Chicago nach Los Angeles in unzählige, oft nur wenige Meilen lange Strecken aufgeteilt. Die von den Route-66-Associations aufgestellten »Historic-Route 66«-Schilder wiederum sind noch zu selten vertreten, als daß ein Falschfahren unmöglich wäre. Seien Sie deshalb darauf vorbereitet, daß Sie häufig wenden und vielleicht zur nächsten Kreuzung zurückfahren müssen. Solche Probleme gehören zu der Reise auf der Route 66 und soll-

ten Ihnen den Spaß nicht verderben. Wenn es zu kompliziert wird, biegen Sie auf die Interstate ab, die praktischerweise nie allzuweit von der Route entfernt verläuft, fahren Sie ein paar Meilen lang Autobahn und versuchen Sie dann auf ein neues Ihr Glück.

Problematisch können auch die Stadtdurchfahrten werden. Wenn Sie Ihre Pfadfinderqualitäten nicht ausreizen wollen, fahren Sie einfach bis zur westlichsten Ausfahrt der Stadtautobahn, und setzen Sie dann Ihre Fahrt auf der Route fort.

Einladung zum Zwischenstopp: nicht nur für Trucker

Illinois macht es den Reisenden leicht: Seit 1995 sind auf der ganzen Strecke Route-66-Wegweiser aufgebaut, die ein Falschfahren beinahe unmöglich machen. Leider verpassen Sie, wenn Sie den Schildern folgen, einige interessante Ortsdurchfahrten. Wundern Sie sich deshalb nicht, wenn nachfolgende Wegbeschreibung nicht mit der »offiziellen« Beschilderung übereinstimmt.

Der Startpunkt in **Chicago** (→ Entlang der Route 66) heißt **Adams Street** an der Michigan Avenue. Fahren Sie auf der Adams westwärts, biegen Sie links auf die **Ogden Avenue** ab, die durch die Schwester-Vorstädte Cicero und Berwyn führt. Biegen Sie links auf die **Harlem Street** ein, dann rechts auf die **Joliet Road**. Nach 1,4 Meilen bei der Kreuzung mit **47th Street** rechts halten. Nach weiteren 6,9 Meilen fahren Sie auf die **Interstate 55 West**. Nehmen Sie Exit 269, um die Interstate zu verlassen, befahren Sie die linke Ausfahrtspur und biegen Sie nach Süden auf die Joliet Road ein. In **Joliet** biegen Sie an der Kreuzung von Broadway und Ruby links auf die **Ruby Street** ab, dann scharf rechts auf die **Ohio Street** und sofort danach links auf die **Ottawa Street**. Nach weiteren 1,2 Meilen fahren Sie abermals links auf die **DeCalb Road** und am südlichen Ende der Stadt wieder auf die **State Road 53**.

Im weiteren Verlauf führt die SR 53 vorbei an **Elwood** und

Durch Illinois

■ U 1–T 4

durch **Wilmington**, wo mit dem **Launching Pad** ein erstes Route-66-Original wartet. Weiter geht's auf der State Road 53 durch **Braidwood**, **Godley** und **Braceville**.

Im nächsten Ort, **Gardner**, fahren Sie nach rechts auf die Main-Street und am zweiten Stopschild links. Sie kommen so auf die östliche Versorgungsstraße (Frontage Road) der Interstate 55 (links neben der Autobahn). Auf dieser Straße bleiben Sie etwa 7 Meilen und nehmen in **Dwight** die State Road 47 South. Die Straße knickt nach 1,4 Meilen nach links ab, Sie müssen geradeaus auf der **Waupausie Street** bleiben. Halten Sie nach 1,3 Meilen den Fotoapparat bereit. Eine Tankstelle erinnert an die gute alte Route-66-Zeit. Nach einer knappen weiteren Meile biegen Sie nach links auf die vierspurige State Road 53 ein.

Verblichene Werbeschilder

Eine Meile, nachdem die Straße zweispurig wird, geht es links in die **Odell Road**, um ein ganz altes Stück der Route 66 zu (er)fahren. Der »Ausflug« endet nach 2,7 Meilen, nach links geht es zurück auf die State Road 53. Auf der rechten Seite wird nach gut vier Meilen auf einem Schuppen erstmals für **Meramec Caverns** in Stanton, Missouri Werbung gemacht. Auf die berühmten Höhlen wird ab jetzt alle paar Meilen hingewiesen, wenn auch viele Werbeschilder im Laufe der Zeit verwitterten. Ein Route-66-Kuriosum ist **The Old Log Cabin** nach weiteren vier Meilen. Bleiben Sie auf der State Road 53, und passieren Sie **Pontiac, Chenoa, Lexington** und **Towanda** bis **Normal-Bloomington**, eine Doppelstadt, die sich die Main Street teilt.

Fahren Sie in **Normal** rechts auf die Pine Street, nach 0,7 Meilen links auf die Linden Street, kurz darauf rechts auf die Willow Street und nach einer weiteren halben Meile links auf die US 51/Main Street. In **Bloomington** biegen Sie rechts auf den **Veterans Parkway** ab, anschließend rechts auf die **Morris Road** und sofort danach links auf die **Springfield Road**. Nach einer halben Meile nach rechts auf die **Beich Road** einbiegen, hinter der Interstate 55 nach links abbiegen (immer noch Beich Road).

Ahornsirup und Trucks

Wenn Sie kein Freund von Ahornsirup sind, fahren Sie an dem Hinweisschild von **Funks Grove** vorbei, andernfalls sollten Sie unbedingt einen kurzen Abstecher zu diesem Route-Original machen. In **McLean** erst rechts auf die East Carlyle abbiegen, dann links auf die **South Main**. Unübersehbar wartet hier der Höhepunkt der Tour durch Illinois: **Dixie Trucker Home**. Beim Verlassen des Geländes biegen Sie nach links ab und halten sich nach 0,2 Meilen ein weiteres Mal links, kurz bevor auch die Eisenbahnschienen eine Linkskurve

machen. Nach 0,8 Meilen links abbiegen und dann rechts auf die Interstate-Versorgungsstraße. Nach gut drei Meilen biegen Sie rechts auf die **Atlanta Road**, die Sie durch **Atlanta** bringt. Hinter Atlanta macht die Straße eine Linkskurve – biegen Sie am Stoppschild abermals nach rechts auf die **Frontage Road** ein.

Die Straße führt durch **Lincoln**, die einzige Stadt, die mit Genehmigung des berühmten Präsidenten diesen Namen trägt. Weil man sich in dieser wenig attraktiven Stadt leicht verfahren kann, raten Routies, Lincoln auf der **Business Route 55** zu umfahren und erst südlich der Stadt wieder die Frontage Road zu nutzen. Kurz vor Broadwell ist es nötig, nach links abzubiegen, um gleich darauf wieder auf die Frontage Road einzubiegen.

Im **PigHip Restaurant** in **Broadwell** bekommen Sie zwar nichts mehr zu essen, ein Route-66-Tip ist es aber trotzdem. Am Exit 109 müssen Sie auf die Interstate 55 einbiegen, allerdings können Sie die Autobahn am Exit 105 schon wieder verlassen. Fahren Sie nach **Sherman**: im **Stu D. Bakers** essen Sie ausgezeichnet und stilecht. Kurz nachdem Sie unter einer Eisenbahnbrücke hergefahren sind, biegen Sie in die Taintor Road ab, die Sie zur 5th Street führt. Fahren Sie über 5th und 6th Street zurück zur Interstate 55, die Sie bis zum Exit 88 nutzen müssen. Alternativ können Sie auch an dieser Stelle die Tour unterbrechen, um ins Zentrum von **Springfield** zu fahren.

Springfield/Illinois

Von der Größe her ist Springfield/Illinois (der Zusatz ist wichtig, denn es gibt viele Dutzend Namensvettern) eigentlich nichts Besonderes. Trotzdem wäre es sträflich, die City einfach zu durchfahren, ohne ihr entsprechende Aufmerksamkeit zukommen zu lassen. Schließlich war sie lange Jahre die Wahlheimat Abraham Lincolns, des Bürgerkriegs-Präsidenten der Vereinigten Staaten. Der berühmteste Bewohner Springfields prägte seine Stadt bis zum heutigen Tage. Beinahe sämtliche Sehenswürdigkeiten in der Region haben direkt oder indirekt mit »Abe« Lincoln zu tun.

Wenn auch Sie auf den Spuren des berühmtesten amerikanischen Präsidenten wandeln wollen, besuchen Sie **Lincoln Home**, wo »Abe« von 1844 bis 1861 lebte (8th, Ecke Jackson, täglich von 8.30 bis 18 Uhr geöffnet, im Sommer bis 20 Uhr, Eintritt frei), seinen Arbeitsplatz im **Lincoln-Herndon Law Office** (6th Adams, täglich 9 bis 16/17 Uhr, Eintritt frei, Spende erwünscht) oder das **Old State Capitol**, wo Lincoln am Vorabend des Bürgerkrieges flammende Reden hielt (Downtown Mall, täglich 9 bis 16/17 Uhr, Eintritt frei, Spende erwünscht).

Übernachten können Sie im **Capitol Plaza Hotel**, ganz in der Nähe dieser Attraktionen (418 E. Jefferson St., Tel. 217-525-1700, 86 Zimmer, Untere Preisklasse). Informationen erhalten Sie im: **Springfield Convention & Visitors Bureau** (109 N. 7th Street, Tel. 217-789-2360 oder 1-800-545-7300, montags bis samstags 8 bis 17 Uhr).

Hoffentlich haben Sie vollgetankt! Tankstellenrelikt an der Route in Illinois

Abschied von »Abe«

Am Ende der Rampe von Exit 88 müssen Sie rechts auf die westliche Frontage Road der Interstate 55 fahren. Hinter **Glenarm** fahren Sie kurz auf die Illinois 104 und dann erneut auf die Interstate 55. Am Exit 80 verlassen Sie die Interstate wieder und fahren am Ende der Abfahrtrampe rechts.

In **Divernon** führt die erste mögliche Abfahrt nach links zurück auf die westliche Frontage Road. Nachdem Sie die Städte **Farmersville** und **Waggoner** passiert haben, biegen Sie nach links ab auf die County Road 1600 N., überfahren die Interstate und biegen anschließend auf die östliche Frontage Road ein.

In **Litchfield** ist das **Ariston Café** eine gute Adresse, wenn Sie Hunger auf eine ordentliche Mahlzeit, gewürzt mit Geschichte, haben. Wenn Sie Litchfield verlassen haben, biegen Sie nach links auf die **Mount Olive Road** ein und fahren auf der 5th North Street durch **Mount Olive**. Die Straße wird zur Illinois Street. Hinter dem Ortsausgang am **Mill Café** links abbiegen. Nachdem die Straße die Interstate überquert hat, fahren Sie bei der ersten Möglichkeit nach rechts ab und kommen so nach **Staunton**. Biegen Sie nach links auf die State Road 4, nach knapp zehn Meilen nach rechts auf die State Road 140 und nach weiteren 2,5 Meilen nach links auf die State Road 157, die Sie durch **Hamel**

und **Edwardsville** bringt. Unmittelbar hinter der Interstate 270 fahren Sie auf die nördliche Frontage Road.

Nördlich von **Mitchell** biegen Sie nach links auf die State Road 203 ab. Nehmen Sie als letzten Eindruck von Illinois die Fahrt durch **Granite City** mit und fahren dann auf der Interstate 55/70 nach **St. Louis** in Missouri (→ Entlang der Route 66). Natürlich gibt es auch eine Landstraßenverbindung in den nächsten Bundesstaat, er führt aber durch Vororte von St. Louis, die nicht ganz ungefährlich und außerdem ohne touristische Reize sind.

Entlang der Route 66 in Illinois

Ariston Café (Litchfield) ■ T 3
Das Ariston Café gehört eindeutig zu den Klassikern an der Route 66. Bereits 1924 wurde es gegründet und zählt heute zu den wenigen Restaurants entlang der Route, die sich immer noch im Familienbesitz befinden. Deshalb kann man im Ariston nicht nur richtig gut essen, sondern auch Souvenirs von der berühmtesten Straße der Welt kaufen.
South Old Route 66
Litchfield
Tel. 217-324-2023
Mittlere Preisklasse

Dixie Trucker Home (McLean) ■ T 2
Seit 1928 ist Dixie ein Pflicht-Stopp bei Truckern aus dem ganzen Land. Wenn der Laden deshalb aussieht, als sei er einer Road-Movie-Filmkulisse entnommen, ist dieser Eindruck ganz und gar gewollt. Inzwischen hat Dixie einen solchen Bekanntheitsgrad, daß sich beinahe

TOPTEN 8

jeden Monat Film- oder Fernseh-
teams anmelden. »Nebenbei« übrigens ist der rund um die Uhr geöff-
nete Truck-Stop Heimat der **Route
66 Hall of Fame**. Dort gibt es auch
einen Souvenirshop und ein Restaurant, das besonders für seine Nach-
speisen berühmt ist.
400 Dixie Rd.
McLean
Tel. 309-874-2323

Funks Grove (Shirley) ■ T 2
Wer bislang glaubte, Ahornsirup
werde ausschließlich in Kanada pro-
duziert, muß umdenken. Natürlich
kann der Reisende einfach nur ein
Glas Ahornsirup kaufen. Das Gelände lädt aber auch zu einem Ausflug
in die Geschichte ein, besonders
in der alten Eisenbahnstation von
Funks Grove und im General Store.
Mit ein bißchen Glück trifft man
Großmutter Glaida Funk, die ein wenig von der guten alten Zeit erzählt,
als der Autostrom an Funks Grove
vorbei nie abriß.
RR 1
Shirley
Tel. 309-874-3360

Launching Pad (Wilmington) ■ U 1
Der riesige Astronaut, der eine Ra-
kete in der Hand hält, macht das
Launching-Pad-Restaurant am Ortseingang von Wilmington unübersehbar. Seit 1960 gehört der Mann im
Raumanzug zu den ersten Foto-
Attraktionen auf der Route. Das Restaurant selbst kann man sich getrost schenken, es sei denn, man ist
ohnedies gerade hungrig.
810 East Baltimore St.
Wilmington
Tel. 815-476-6535
Untere Preisklasse

Old Log Cabin Inn (Pontiac) ■ T 2
Dieses Lokal stand bereits Mitte der
20er Jahre an der ersten Route 66,
mit Eingang und Parkplatz natürlich
in Richtung der Straße. Als eine
neue Streckenplanung die Route
hinter dem Haus vorbeiführte,
fackelte Manager Johnson nicht lange. Er lieh sich Material, engagierte
einige der Highway-Arbeiter, setzte
das Log Cabin Inn auf Stelzen und
drehte es um 180 Grad, damit seine
einladende Vorderseite wieder zur
Straße zeigte.
Old Route 66
Pontiac
Tel. 815-842-2908
Mittlere Preisklasse

**PigHip Restaurant
(Broadwell)** ■ T 2
Als der legendäre Ernie Edwards,
übrigens als einer der ersten Route-
Originale in der Route 66 Hall of
Fame im Dixie Trucker Home ge-
ehrt, 1991 aus Altersgründen sein
Geschäft aufgab, fand sich kein
Nachfolger. Deshalb hängt noch im-
mer das Schild »For Sale or Lease«
im Fenster. Wäre das nicht was?

Stu D. Bakers (Sherman) ■ T 3
Das klassische Diner ist mit Motiven
aus der goldenen Route-66-Zeit
dekoriert, die Speisekarten haben
die Form einer Wurlitzer Musikbox,
und die einzelnen Gerichte sind
nach berühmten Songs der 50er
Jahre benannt.
6250 Business I-55
Sherman
Tel. 217-496-2449.
Mittlere Preisklasse

Durch Missouri und Kansas

■ T4–Q5

Für wahre Fans der Route 66 beginnt die Reise erst richtig, wenn sie St. Louis hinter sich gelassen haben und die hügelige, sattgrüne Landschaft von Missouri durchqueren. Das ständige Auf und Ab der berühmtesten Straße der Welt ist besonders für Fotografen reizvoll: Mit dem Teleobjektiv lassen sich gerade in Missouri jene Schnappschüsse machen, die wohl jeder automatisch mit der Route 66 in Verbindung bringt.

Auch in einer anderen Hinsicht ist die Fahrt durch Missouri nicht mit den bisher zurückgelegten Meilen durch Illinois zu vergleichen. Erstmals können Routies jetzt ihr Pfadfindergeschick überprüfen. Denn so komfortabel wie zwischen Chicago und St. Louis ist die Strecke ab jetzt nicht mehr ausgeschildert.

Zwar gibt es auch in Missouri das »Historic Route-66«-Zeichen, es bestätigt aber nur, daß man auf der richtigen Straße unterwegs ist. Alle, die sich verfransen, haben nur zwei Möglichkeiten: entweder ein paar Meilen zurückzufahren und in einem neuen Anlauf die richtige Strecke suchen oder die nächsten Kilometer auf der Interstate zurückzulegen. Die nämlich verläuft glücklicherweise immer entlang der klassischen Route 66.

Eine weitere Besonderheit wartet am Ende der gut 300 Meilen quer durch Missouri: Bevor mit Oklahoma der nächste große Bundesstaat wartet, macht die Original-Route für wenige Kilometer einen Schlenker durch Kansas.

Regennasse Straßen nach einem heißen Tag irgendwo in Kansas

Viele Wege durch St. Louis

Sozusagen als Einstimmung auf den erhöhten Schwierigkeitsgrad, den die Route 66 ab jetzt hat, nennen die Tour-Bücher ein halbes Dutzend »Original«-Wege aus St. Louis (→ Entlang der Route 66) heraus. Auf die unnötige Herausforderung, im Straßengewirr der Großstadt die Mother Road ausfindig zu machen, können Sie wahrscheinlich ohne weiteres verzichten. Voraussetzung ist allerdings, daß Sie im Rahmen Ihrer Stadttour durch St. Louis dem Route-66-Original **Ted Drewes Frozen Custard** (→ St. Louis, S. 73) einen Besuch abgestattet haben. Nun müssen Sie sich dennoch entscheiden. Plädieren Sie für die einfachste Strecke, dann fahren Sie auf der Interstate 44 nach Westen aus der Stadt heraus, biegen nach Norden auf die Interstate 270 ab, verlassen die Autobahn an der **Manchester Road/State Road 100** und fahren auf dieser Straße bis **Gray Summit**.

Ein wenig schwieriger, aber wesentlich interessanter ist folgende Streckenführung: Fahren Sie auf der Interstate 44 aus St. Louis heraus und verlassen Sie die Autobahn bei der Ausfahrt 264 (**Eureka**). Fahren Sie rechts und gleich wieder links, um auf die nördliche, also rechte, Versorgungsstraße der Interstate zu gelangen. In **Phil's Barbecue**, einem der wenigen Barbecue-Restaurants, die schon morgens geöffnet haben, können Sie frühstücken. 0,3 Meilen hinter dem Vergnügungspark **Six Flags** (→ Mit Kindern unterwegs, S. 27) wechseln Sie auf die südliche Versorgungsstraße der Interstate. Kurz vor **Pacific** wird die Straße vierspurig 0,7 Meilen danach passieren Sie das **Red Cedar Inn**. Nach weiteren 5,4 Meilen fahren Sie in **Gray Summit** auf die SR 100 und passieren das neue **Diamond Restaurant**. Von hier aus sind die beiden Routen-Vorschläge wieder identisch.

Kamera bereithalten

An der Kreuzung mit County Road AT folgen Sie der »AT« durch Villa Ridge, bis die Straße an der US 50 endet. Auf der »AT« kommen Sie an zwei weiteren Lokalitäten vorbei, die schon seit Jahrzehnten auf Gäste warten: Das **Tri-County Restaurant** und das **Sunset Motel**. Beide sind aus der Route-Glanzzeit übriggeblieben und ein Foto wert.

Auf dem Highway 50 bleiben Sie zunächst auf der nördlichen Outer Road der Interstate 44 und wechseln an der Ausfahrt 242 abermals über auf die südliche Versorgungsstraße, die Sie in das Städtchen **St. Clair** bringt. Biegen Sie dort rechts auf die State Road 30 ab, der Sie bis zur Interstate folgen. Überqueren Sie diese, und fahren Sie auf die »WW«. Bleiben Sie geradeaus auf der nördlichen Versorgungsstraße, wenn die »WW« nach rechts abknickt. Auch die Versorgungsstraße entfernt sich vorübergehend von der Interstate, bleiben Sie jedoch auf dieser Straße.

Pflichtprogramm
Meramec Caverns

Wenn Sie auf der Route 66 vielleicht nur wenige Stopps einplanen, gibt es doch eine Art »Pflichtprogramm«. Dazu gehört seit Beginn der Route-66-Reisen **TopTen 5** ein Besuch in den **Meramec Caverns**. Um zu den Höhlen zu gelangen, biegen Sie in **Stanton** links ab, überqueren die Bahngleise und folgen der Straße, die nach etwa 3,5 Meilen direkt an den Höhlen endet. Auf dem Rückweg fahren Sie nach Überquerung der Bahngleise vor der Interstate nach links und sind wieder auf der alten Route 66, die Sie jetzt weiter in Richtung **Sullivan** bringt. Gönnen Sie sich in dem Städtchen einen Hamburger oder ein Milk-Shake bei McDonalds, mit einem kleinen **Route-66-Museum**. Fahren Sie anschließend weiter südlich auf der Interstate. Sie kommen so automatisch durch **Bourbon**, dessen Main Street mit der alten Route 66 identisch ist, und weiter nach **Cuba**. Selbst wenn es noch zu früh für die Hotelsuche sein sollte, sollten Sie vielleicht kurz beim **Wagon Wheel Motel** stoppen.

Während der nächsten Meilen werden Sie zumindest im Herbst Zeuge einer weiteren »Attraktion«, wie sie die Route nur in Missouri zu bieten hat. Die Weinbauern der **Rosati-Region** bieten an selbstgezimmerten Ständen ihre frisch geernteten Trauben an. Sogar auf der Interstate halten die Autos, um ein paar Früchte zu kaufen. Die nächste Kleinstadt, St. James, hat gleich zwei interessante Restaurants zu bieten, das traditionsreiche **McEwen's Old Route 66 Family Restau-**

Schon Jesse James fand Unterschlupf in den Meramec Caverns

rant und das **Barn Barbecue**, das anscheinend ein Weltkrieg-Veteran leitet – zumindest läßt die Ausstattung darauf schließen. In St. James fahren Sie auf die »8 & 68«, um wieder einmal die Interstate zu überqueren.

Wälder des Ozark Country

Setzen Sie Ihre Fahrt auf der nördlichen **Outer Road** fort. Besonders Autofans sollten nach etwa 4,5 Meilen nach dem **Route 66 Motors and General Store** Ausschau halten. Etwa eine Meile später empfiehlt es sich, kurz auf die Interstate abzubiegen, die Sie beim Business-Loop-Exit von Rolla wieder verlassen können. Da **Rolla** allerdings nicht viel zu bieten hat, fahren Sie am besten noch ein paar Meilen weiter auf der Interstate bis **Jerome** (übrigens: Ab hier sind Sie im waldreichen Ozark-Land, das sich bis Oklahoma hinzieht).

Nach Verlassen der Interstate in Jerome fahren Sie auf die North Road, bis die mit der »J«-Straße zusammenläuft. Überqueren Sie die Interstate, und biegen Sie nach rechts auf die County Road »Z« ab, die Sie an **Devil's Elbow** vorbei und durch **St. Robert** bis **Waynesville** führt. Fahren Sie auf dem Business-Loop 44 in die Stadt und auf der »17« wieder hinaus. Der Weg führt weiter auf der County Road AB durch **Hazelgreen**. An der Kreuzung mit der County Road F biegen Sie rechts ab, überqueren die Interstate und fahren auf der nördlichen Outer Road in Richtung **Lebanon**. Biegen Sie in Lebanon am Stopschild nach rechts auf die **Elm Street** (City Route 66) ab, und folgen Sie dieser Straße bis zur Kreuzung mit der County Road W kurz vor der Interstate. Fahren Sie auf der »W« bis zu ihrem Ende in der Nähe von Phillipsburg, überqueren Sie die Interstate 44 und biegen Sie auf die **County Road CC**, die südliche Outer Road, ab.

Ausflugsziel für Country-Fans

Bleiben Sie auf der »CC«, die sich zwischenzeitlich von der Interstate entfernt. In Marshfield fahren Sie von der »CC« über die State Road 38 auf die County Road OC, die Sie geradewegs nach **Springfield** bringt. Die Stadt ist zwar längst nicht so reizvoll wie die Namenscousine in Illinois, sie dient Country-Fans aber als Basis bei einem Ausflug ins benachbarte **Branson,** das sich zu einer der Show- und Vergnügungsmetropolen gemausert hat.

Wiederum gibt es mehrere Routen durch die Stadt, empfohlen wird die folgende: Fahren Sie von der County Road 00 auf die SR 744 (Kearney Street), biegen Sie links auf die **Glenstone Street** und rechts auf die **St. Louis Street** ein. Fahren Sie um den Innenstadt-Marktplatz herum, um in die **College Street** zu kommen, und folgen Sie der College Street bis zum **Chestnut Expressway,** der Sie schnell aus Springfield herausbringt. Nachdem Sie die Interstate 44 unterquert haben, setzen Sie Ihre Fahrt auf der »266« fort. Nach 15 Meilen durchqueren Sie das Städtchen **Halltown**, das außer einigen Antiquitätengeschäften nichts zu bieten hat.

An der Kreuzung mit der »96« fahren Sie geradeaus weiter auf die County Road N. 0,5 Meilen später biegen Sie rechts ab (die Straße trägt keine Bezeichnung) und überqueren eine alte **Stahlbrücke**, die unverkennbar das berühmte Highway-Zeichen der »66« trägt. Nähere Informationen zu diesem Route-Denkmal finden Sie auf einer Steintafel direkt vor der Brücke. Kaum vorstellbar, daß hier ein Auto nach dem anderen passierte.

Schießfeste Frauen

Nach drei weiteren Meilen führt Sie die alte Straße zurück auf die State Road 96, die teilweise über das Straßenbett der alten Route 66 gebaut wurde. Die folgenden 30 Meilen bis nach **Carthage** haben Sie Zeit, sich von der Routen-Suche zu erholen. Bleiben Sie einfach auf der 96. Sie passieren Dörfer und Geisterstädte, die Namen haben wie **Phelps**, **Rescue**, **Plew**, **Log City**, **Stone City** und **Avilla**. Westlich von Carthage, der Heimatstadt von **Belle Star** und **Annie Baxter**, zweier amerikanischer Outlaw-Berühmtheiten, fahren Sie auf den Highway 71 South, wo Sie nach etwa zehn Meilen **Connie's Antiques** passieren. Mehr als 500 Händler verkaufen hier Nippes und »Antiquitäten«. Wiederum knapp drei Meilen später biegen Sie nach rechts endlich einmal auf eine Straße ein, die heute noch die Ziffernfolge 66 als Namen hat. Missouri 66 führt zunächst in die alte Minenstadt **Joplin**.

Abstecher nach Kansas

Biegen Sie dort über den Business-Loop 44 in die Main Street ein, und folgen Sie nach etwa sechs Meilen dem »Old Route 66«-Schild, das Ihnen den Weg nach rechts weist. Nach einer weiteren halben Meile verlassen Sie Missouri. Willkommen im Staat **Kansas**.

Die erste Stadt, die Sie in Kansas sehen, ist gleichzeitig eine der letzten: **Galena**. Fahren Sie nach links auf die Main Street ein, und biegen Sie nach sieben Blocks rechts ab, um die Kansas Route 66 zu erreichen. Diese Straße endet nach drei Meilen in **Riverton** und wird zur **S-Alt 69**.

Damit Sie nicht einfach durch Kansas durchfahren, nutzen Sie doch die Gelegenheit, in Riverton die **Kansas Historic Route 66 Association** zu besuchen, deren Mitglieder im Hauptquartier im unübersehbaren Eisler-Brothers-Gebäude die knapp 14 Meilen Mother-Road, die durch den Bundesstaat führen, hegen und pflegen.

Bleiben Sie bis zur Staatsgrenze nach Oklahoma auf dem Highway 69, wobei Sie mit **Baxter Springs** die dritte und letzte Stadt auf Ihrem Schlenker durch Kansas zu sehen bekommen.

Entlang der Route 66 in Missouri und Kansas

Branson/Springfield ■ R 6

Das ehemals verschlafene Nest Branson liegt etwas abseits der Route 66, zumindest für Country-Freunde ist der 60-Kilometer-Abstecher von Springfield aus in Richtung Süden geradezu Pflichtprogramm. Branson hat sich innerhalb weniger Jahre zur Show- und Musik-Metropole Amerikas mit 40 Musik-Theatern entwickelt. Mehr Country-Stars pro Quadratmeile findet man höchstens noch in Nashville. Bereiten Sie Ihren Abend in Branson am besten bereits in Springfield vor. In der dortigen **Tourist Information** (3315 East Battlefield Rd., Tel. 417-881-5300) erhalten Sie Auskünfte über das Programm. Das benachbarte **Best Western Deerfield Inn** (3343 East Battlefield Rd., Tel. 417-887-2323, Mittlere Preisklasse) bietet sich für die Übernachtung an, Sie sparen so deutlich gegenüber den Zimmerpreisen in Branson. Wenn Sie sich länger in Springfield aufhalten wollen, versäumen Sie nicht die **Fantastic Caverns** mit ihren mächtigen Onyx-Formationen. Ein Jeep bringt Sie durch dieses unterirdische Naturwunder (Route 20, Tel. 417-833-2010, tgl. 8–16 Uhr, Eintritt Erwachsene 12,50 $, Kinder 6–12 Jahre 6,25 $).

Diamond Restaurant (Gray Summit) ■ S 4

Als Spencer Groff 1918 dieses Restaurant eröffnete, war von der Route 66 noch keine Rede. Später sorgte die berühmte Straße dafür, daß das Lokal expandierte und expandierte, bis es zum größten Roadside Restaurant (etwa: Restaurant an einer Fernstraße) der Welt wurde und jährlich eine Million Kunden verköstigte. Zwei Umzüge und ein verheerendes Feuer konnten dem Ruf des Diamonds nichts anhaben, wohl aber die Interstate, die die Route 66 ersetzte. Heute lebt das Restaurant von der Nostalgie.
Route 66
Pacific/Gray Summit
Mittlere Preisklasse

Meramec Caverns (Stanton) ■ S 4

Die verblichenen Hinweisschilder, die bereits Hunderte von Meilen vor den Höhlen davor warnen, dieses Naturwunder zu verpassen, zeigen deutlich, daß Meramec Caverns schon eine Touristen-attraktion war, als sich die ersten Autos auf der Route 66 in Richtung Westen in Bewegung setzten. Auch heute noch gehören die imposanten Höhlen mit der weltweit größten Einzelformation, dem sogenannten Theatervorhang, zu den Pflicht-Stopps.
Interstate 44, Exit 230
Stanton
Tel. 314-468-3166
Tgl. 9–16 Uhr, im Sommer bis 19.30 Uhr
Eintritt Erwachsene 9 $,
Kinder 4,50 $

Wagon Wheel Motel (Cuba) ■ S 4

In diesem Motel-Klassiker scheint die Zeit wirklich stehengeblieben zu sein. Wundern Sie sich nicht, daß Rezeption und Wohnstube der Besitzer Wayne und Pauline Roberts identisch sind. Die beiden verwalten seit Jahrzehnten ihre kaum zwei Dutzend Zimmer, wobei sie heute manchmal froh sind, wenn sich überhaupt ein Gast zu ihnen verirrt.
901 East Washington Street/US 66
Cuba
Tel. 314-885-3411
18 Zimmer
Untere Preisklasse

Durch Oklahoma

■ Q 5–N 7

Nach der Strecken-suche in Missouri haben Sie sich Ent-spannung verdient. Weil die Hauptverbindung von Osten nach Westen, der Will Rogers Turnpike, über weite Strecken gebührenpflichtig ist, nutzen die »Okies« lange Stücke der klassischen Route 66 noch heute wie selbstverständlich. Auf den fast 400 Meilen durch Oklahoma müssen Sie nicht ständig auf Straßennamen und Wegweiser achten (allerdings: Ganz ohne Pfadfinder-Qualitäten geht's auch hier nicht).

Wenn Sie John Steinbecks »Früchte des Zorns« im Reisegepäck haben, ist jetzt die Gelegenheit, mit der Lektüre zu beginnen. Womöglich denken Sie, während Sie in einem Auto mit Klimaanlage und vielleicht mit einer Coke in der Hand entspannt dahinreisen, daran, wie mühsam es vor 60 Jahren für die Okies gewesen sein muß, mit ihren klapprigen, vollbepackten Gefährten den Weg ins vermeintlich gelobte Land Kalifornien zurückzulegen.

Sturmwarnungen beachten

Noch etwas anderes macht Oklahoma einzigartig: Die rote Erde, die besonders bei Regen Äckern und Wegen ein eigentümliches Aussehen verleiht. Versäumen Sie übrigens nicht den abendlichen Blick in die Fernsehnachrichten: So allgegenwärtig wie hierzulande das Sender-Emblem ist im Bundesstaat Oklahoma die Wetterkarte eingeblendet. Nehmen Sie die ständigen Sturmwarnungen besser nicht auf die leichte Schulter.

Von allen Bundesstaaten hat Oklahoma übrigens die wohl interessanteste Gründungsgeschichte. Die US-Regierung plante in den späten 80er Jahren des 19. Jahrhunderts, das Gebiet von Oklahoma an Siedler zu verschenken. Um niemanden zu bevorzugen oder zu benachteiligen, wurde ein Tag festgelegt, an dem die Jagd auf das Ackerland beginnen sollte: der 22. April 1889. Punkt zwölf Uhr mittags fiel der Startschuß für die Aktion. Tausende und Abertausende Siedler stürmten los, um sich ihre Parzelle zu sichern. Binnen Stunden war das komplette Land aufgeteilt. Einige ganz schlaue Siedler rammten schon vor dem offiziellen Start ihre Besitzerflaggen in den Boden (obwohl darauf laut »Spielregeln« die Todesstrafe stand). Angeblich hat Oklahoma daher seinen Namen »The Sooner State« (»soon«: früh).

Miami mitten in Amerika

In Oklahoma geht es weiter, wie es in Kansas aufgehört hat. Bleiben Sie zunächst auf dem Highway 69 A, und durchqueren Sie **Quapaw**, das sich von einer Heu-Verladestation über einen Vieh-Markt bis hin zur Zink-Stadt wandelte. Aus »69 A« wird der Highway 69. Sie passieren **Commerce** und erreichen kurz darauf

Miami (im Gegensatz zur berühmten Namensschwester Mei-A-Mey ausgesprochen). Das **Coleman Theater** an der Ecke von First und Main Street ist einen kurzen Besuch wert. Bleiben Sie auf Highway 69, bis Sie kurz hinter **Narcissa** die Interstate 44 unterqueren. Wechseln Sie dann auf die US 60, die nach **Afton** und **Vinita** führt, bis sie nach 3,5 Meilen, nachdem Sie den **Big Cabin Creek** überquert haben, die Oklahoma 66 kreuzt. Setzen Sie Ihre Fahrt auf der »66« geradeaus fort.

Chelsea, die nächste Siedlung, wäre nicht weiter erwähnenswert, wäre es nicht das östlichste (und somit für Route-Reisende erste) Städtchen in Oklahoma, in dem Öl gefördert wurde. Wenn Sie ein Extra-Stündchen Zeit erübrigen wollen, fahren Sie in **Foyil** auf die SH28A, die zum Galloway Park östlich der Stadt führt. Die Kunstwerke von **Ed Galloway**, unter anderem ein fast 30 Meter hoher Totempfahl, sorgen seit mehr als 50 Jahren für äußerst geteilte Ansichten bei den Besuchern. Fahren Sie vom Galloway Park auf der SH28A nach Foyil zurück, und setzen Sie Ihren Weg auf der »66« nach Westen fort.

Will Rogers' letzte Ruhestätte

In **Claremore** begegnen Sie zum ersten Mal einem Namen, der Sie bis zur Staatsgrenze begleiten wird: Will Rogers, ein Nationalheld von Oklahoma. Nehmen Sie sich die Zeit, das städtische **Will Rogers Memorial** zu besichtigen. Wenn Sie in die Stadt hineinfahren, biegen Sie an der ersten Ampel nach Westen ab. Sie sind dann parallel zur »66«

Legendäre Autos auf der legendären Straße

auf dem **J. M. Davis Boulevard** unterwegs, der später mit dem **Lynn Riggs Boulevard** zusammenläuft. Westlich der Stadt kommen Sie wieder auf die »66«, auf der Sie Ihre Fahrt fortsetzen.

Langsam aber sicher nähern Sie sich **Tulsa,** der zweitgrößten und langweiligsten Stadt, die Sie in Oklahoma durchfahren. Am besten fahren Sie gleich auf der Interstate an der einstigen »Welt-Öl-Hauptstadt« vorbei (bis zur Abfahrt Sapulpa).

Wer unbedingt ins Zentrum will, biegt von der »66« nach rechts auf die State Road 167 (193rd Avenue) ein und von dort abermals nach rechts auf die 11th Street. Hinter der Preoria Avenue macht die 11th Street einen Schlenker und wird zur 10th Street, dann zur 12th Street. Biegen Sie von dort nach links in den Southwest Boulevard ein, der Sie aus der Stadt heraus- und nach **Sapulpa** führt, eine weitere jener Siedlungen, die ihre besten Tage hinter sich haben. Achten Sie am Ortsausgang – inzwischen sollten Sie automatisch wieder auf die State Road 66 gekommen sein – auf das Schild **Ozark Trail and Old Route 66**. Nach drei Meilen passieren Sie die fotogene **Rock Creek Bridge**, eine 1921 gebaute Brücke, deren roter Ziegelbelag erstaunlich gut erhalten ist.

Die Zeit steht still

Halten Sie Ihre Kamera bereit, denn auf den nächsten Meilen erleben Sie ein Stück der Route, auf dem die Zeit stehengeblieben zu sein scheint. Wenn Sie ein wenig abenteuerlustig sind, fahren Sie doch auf den alten Streckenabschnitten, die parallel

Wenn es Nacht wird in Oklahoma City...

zur State Road 66 verlaufen. Diese Pfadfindertouren können Sie auf eigene Faust mindestens bis **Bristow** fortsetzen. Dieser an Attraktionen arme Ort rühmt sich, den ersten Radiosender des Staates beherbergt zu haben. KRFU, die »Stimme von Oklahoma«, zog allerdings später nach Tulsa.

Auch **Stroud**, die nächste größere Ansiedlung, hat eine bewegte Geschichte. Noch bevor Oklahoma zum US-Bundesstaat wurde, tummelten sich hier Cowboys, Outlaws und Prostituierte. Heute dämmert Stroud vor sich hin. Vielleicht hat ja inzwischen das **Rock Café** auf der linken Straßenseite wieder geöffnet. Der Route-66-Klassiker sucht jetzt schon seit Jahren einen neuen Besitzer.

Oklahoma City

Fahren Sie durch **Davenport** weiter nach **Chandler**. Hier können Sie sich im Hauptquartier der **Route 66 Association of Oklahoma** mit weiterem Info-Material eindecken. Sie können weiterhin auf der »66« bleiben, wo Sie jetzt Wellston, Luther, Arcadia und Edmond passieren. Von diesem nördlichen Vorort von Oklahoma City aus sollten Sie die Route verlassen und direkt in die Stadt fahren. Wenn Ihnen der anstrengende, aber authentische Weg lieber ist, fahren Sie von der 2nd Street in Edmond nach links auf den Broadway (US 71). Biegen Sie von dort in die Kelly Avenue ab.

In **Oklahoma City** (→ Entlang der Route 66) müssen Sie die 23rd Street finden, um am elegantesten den Weg nach Westen fortzusetzen. Biegen Sie nach rechts auf die **Classen** ab. Ein Linksschwenk bringt Sie auf die NW 39th. Fahren Sie nach links auf die Frankford Avenue und gleich darauf nach rechts auf die NW 38th. Biegen Sie nun nach rechts auf die May Avenue und sofort danach links auf den **NW 39th Expressway**. Das »Historic Route 66«-Schild weist Ihnen den Weg

Heimat von Garth Brooks

Nach vier Meilen erreichen Sie **Yukon**, eine unscheinbare Stadt, die sich selbst mit einer Neonreklame ein Denkmal gesetzt hat, über das die meisten Besucher jedoch nur schmunzeln. Ach ja: Yukon rühmt sich, die Heimat des Country-Sängers Garth Brooks zu sein. Auch **El Reno**, der nächste Ort, hat sich geschickt ins amerikanische Gedächtnis eingebrannt oder besser das dortige **Big-8-Motel**.

Wenn Sie den Wasserturm in El Reno passiert haben, ordnen Sie sich auf der linken Spur ein, und biegen Sie nach links in die **Wade Street** ab (Business-Loop 40). Hier sollten Sie sich sofort auf die rechte Spur begeben, um nach rechts auf die **Choctaw Avenue** zu fahren. Dort ist die linke Spur Ihre Spur, denn von dort biegen Sie nach links in den **Sunset Drive**. Nach gut vier Meilen auf dem Sunset Drive folgen Sie der **Fort-Reno**-Abfahrt, kurz vor der Auffahrt auf die Interstate 40 West. Fahren Sie an der Einfahrt zum Fort vorbei, das verlassene Lager können Sie sich getrost schenken.

Wenn Sie an der Kreuzung mit der »270« rechts abbiegen, können Sie auf dem Weg nach **Calumet** und **Geary** ein ganz, ganz altes Stück Route erfahren, das teilweise nicht einmal zementiert ist. Wir empfehlen die direkte Strecke, da man sich hier leicht verfahren kann. Nicht ganz so unerschrockene Abenteurer fahren also an der Kreuzung mit der »270« geradeaus weiter und folgen Spur 281 bis zur nächsten Gabelung, wo Sie sich südwestlich halten.

Brücke mit 38 Bögen

Jetzt wartet ein wahres Foto-Highlight auf Sie: eine Brücke mit 38 riesigen Bögen, die den **Canadian River** überspannt. Das nächste Streckenstück nach **Bridgeport** und **Hydro** fordert zur Abwechslung einmal nicht Ihre ungeteilte Aufmerksamkeit, dafür aber die Stoßdämpfer Ihres Wagens: Schlagloch reiht sich an Schlagloch.

In **Hydro** sollte Sie die Straße wieder in die Nähe der Interstate führen, wo Sie nun wieder einmal die nördliche Versorgungsstraße befahren. Sollten Sie sich im vorherigen Streckenabschnitt verfranst haben, fahren Sie einfach bei nächster Gelegenheit auf die Interstate 40 West und nehmen Sie die Abfahrt Hydro.

Wenn Sie an **Lucille's Historic Highway 66 Stop** vorbeikommen, sind Sie auf der richtigen Strecke. Vier Meilen später endet der Asphalt, machen Sie eine Rechtskurve, 1,2 Meilen später gefolgt von einer Linkskurve. Bleiben Sie auf dieser Straße, die Sie auf der Main Street nach Weatherford führt.

Lotsen durch Weatherford

In der Stadt macht der **Business-Loop 40** einen Schwenk nach links, Sie setzen aber die Fahrt geradeaus über die **7th Street** hinweg fort. An der **4th Street** biegen Sie nach links auf die SR 54 ab. Nach einer scharfen Rechtskurve sind Sie wieder auf der nördlichen Interstate-Versorgungsstraße. Nach knapp sieben Meilen müssen Sie nach links fahren, die Interstate überqueren, am Stoppschild rechts abbiegen und bei nächster Gelegenheit (nach etwa vier Meilen) abermals die Interstate überqueren, um nun wieder auf der nördlichen **Frontage Road** die Fahrt fortzusetzen.

Die Straße wird anschließend vierspurig und führt nach **Clinton**. Vielleicht haben Sie ja Lust, im **Pop Hick's Restaurant** gleich hinter den Bahnschienen zu dinieren. Biegen Sie eine halbe Meile hinter dem Original nach links in die 10th Street ab. Nach einer guten Meile überqueren Sie wieder einmal die Interstate 40, eine weitere Meile später gabelt sich die Straße. Bleiben Sie rechts.

Eine offizielle Geisterstadt

Nach knapp acht Meilen unterqueren Sie ein weiteres Mal die Interstate, direkt danach biegen Sie links ab, um nach **Foss** zu kommen. Die Attraktionen werden immer skurriler: Foss trägt den Titel »Offizielle Geisterstadt von Oklahoma«. Sie werden merken, daß die Auszeichnung berechtigterweise vergeben wurde.

Beim **KOA-Campingplatz** macht die Straße eine Rechts- und gleich anschließend eine Linkskurve. Am Stoppschild biegen Sie links ab, überqueren die Interstate 40 und nehmen die südliche Versorgungsstraße. Nach zwei Meilen geht's am Stoppschild rechts, abermals über die Interstate 40 und links auf die nördliche **Frontage-Road**. Zwei Meilen später wechseln Sie abermals auf die Südseite und hinter **Canute** ein weiteres Mal auf die Nordseite.

Verlassener Trading Post

Wenn Sie alles richtig gemacht haben, sollten Sie nach gut vier Meilen die Möglichkeit haben, an der **Love's Station** nach rechts auf den Business Loop 40 einzubiegen, der Sie durch **Elk City** bringt. Achten Sie auf den **Queen Anne Trading Post**. Der einst gut besuchte Gemischtwarenladen starb mit der Original-Route 66. Heute dient er nur noch dazu, den Meilenzähler auf Null zu stellen. 1,8 Meilen später nämlich müssen Sie einer Rechtskurve und gleich darauf einer harten Linkskurve folgen (auf »Historic Route 66«-Zeichen achten!).

Nachdem die zwischenzeitlich alte Staßendecke wieder in Asphalt übergegangen ist, machen Sie eine Rechtskurve und biegen am Stoppschild links ab. Überqueren Sie die Interstate 40, fahren Sie nach einer halben Meile hart rechts, nach einer weiteren Meile und einer Linkskurve überqueren Sie die Interstate 40 erneut.

»Früchte des Zorns« ernten

Biegen Sie genau vor der **Fina**-Tankstelle nach links auf die alte Straße ab. Nach gut zwei Meilen fahren Sie am Stoppschild nach rechts und kommen so nach **Sayre**. Hoffentlich haben Sie bereits Steinbecks »Früchte des Zorns« gelesen. Das Rathaus der Stadt wurde für die Verfilmung des Romans genutzt, ebenso die Main Street. Nach eineinhalb Meilen biegen Sie am Stoppschild nach links in den **Business-Loop 40**.

Nach knapp drei Meilen biegen Sie nach rechts ab, wenn Sie nach einer weiteren Meile über eine Brücke kommen, haben Sie die richtige Straße getroffen, auf der Sie bis ins »Grenzstädtchen« **Texola** kommen. Da auf den letzten 20 Meilen von Oklahoma keine weiteren Attraktionen auf Sie warten, können Sie jedoch auch den schnelleren Weg über die Interstate 40 West nehmen und einen der eindrucksvollsten Bundesstaaten auf Ihrer Reiseroute verlassen.

Entlang der Route 66 in Oklahoma

Big-8-Motel (El Reno) ■ O 7

Das Reklameschild an diesem Motel erschreckt zunächst einmal jeden Autofahrer, der glauben muß, am Steuer eingenickt zu sein: »Amarillo's Finest«. Des Rätsels Lösung: Teile des oscargekrönten Films **Rain Man** wurden in dieser Herberge gedreht, und das Management erhielt die Erlaubnis, anschließend mit Requisiten von den Dreharbeiten zu werben. So wurde aus einem Motel in einem Kaff von Oklahoma das »schönste Haus von Amarillo«. Wenn Sie ein besonderer Fan von Dustin Hoffman sein sollten, achten Sie bei der Zimmerbuchung darauf: Das Rain-Man-Team drehte in **Raum 117**, in dem seitdem nichts verändert wurde.
1705 East US Highway 66
El Reno
Tel. 405-262-6991
Mittlere Preisklasse

Coleman Theater (Miami) ■ Q 5

Der erste Gedanke, der sich beim Anblick von Coleman Theater aufdrängt: Wie kommt eine Kleinstadt wie Miami zu so einem imposanten (Film-)Theaterbau. Wie so oft in solchen Fällen bedurfte es einer Privatinitiative, damit das 1929 im **Spanish-Mission-Stil** errichtete Haus nicht verfiel. Die Denkmalpfleger haben ganze Arbeit geleistet. Heute erstrahlt das Coleman Theater wieder im Glanz der 30er Jahre. Ach ja: Der Nationalheld Will Rogers war auch mal hier.
103 N. Main Street
Miami
Tel. 918-542-4481
Juni–Aug. Mo–Fr 10-16 Uhr, Sept.–Mai 8.30–17 Uhr
Eintritt frei

Galloway Park (Foyil) ■ P 6

Für den Künstler Ed Galloway konnte nichts groß genug sein. Diese Maxime spiegelt sich auch in seinen Werken wieder, deren spektakulärsten Exemplare er im Galloway Park auf- und ausstellte. Ob der größte Totempfahl der Welt (fast 30 Meter hoch) nun eher in die Kategorie Kunst oder Kitsch gehört, müssen die Besucher selbst entscheiden. Sehenswert ist der 1948 fertiggestellte und kürzlich generalüberholte Park allemal.
SH 28 A
Foyil
Rund um die Uhr geöffnet
Eintritt frei

Route 66 Museum (Clinton) ■ N 7

Noch eine Gedenkstätte zur Mother Road. Dieses Museum in Clinton aber unterscheidet sich von allen anderen in zweierlei Hinsicht: Ein eigenes Zimmer widmet sich jeder Dekade der »Main Street of America«, wobei die Ausstellungsstücke stets um ein Fahrzeug der entsprechenden Zeit gruppiert sind.

Als Sprecher für die Tonband-Kassetten, die jeder Besucher in die Hand bekommt, wurde Michael Wallis gewonnen, einer der besten Route-Experten Amerikas. Natürlich finden regelmäßig Sonderveranstaltungen in den Museumsräumen statt. Wenn Sie Glück haben, vielleicht sogar während Sie in der Stadt sind.
2229 W. Geary Blvd.
Clinton, OK 73601
Tel. 405-323-7866
Di–Sa 9–17 Uhr, So 13–17 Uhr (Winter/Labour Day–Memorial Day), Mo–Sa 10–19 Uhr, So 13–18 Uhr (Sommer, Memorial Day–Labour Day)
Eintritt Erwachsene 3 $, Kinder 1 $, jeweils inklusive Audio-Tour

Tulsa ■ P 6

Tulsa ist zwar die zweitgrößte Stadt (350 000 Einwohner), die der Route-Reisende in Oklahoma durchfährt, viele Gründe, dort mehr als ein paar Stunden zu verbringen, gibt es allerdings nicht, es sei denn, Sie interessieren sich für **Art-Déco-Häuser**. In diesem Fall hat die Downtown-Area einige besonders liebevoll restaurierte Exemplare dieses Baustils zu bieten, Überbleibsel eines ebenso unbeschreiblichen wie unerklärlichen Baubooms in den 20er Jahren (Informationen zu Touren unter 918-585-1201).

Wenn Sie die Stadt auf die Probe stellen wollen, übernachten Sie ruhig im besten Hotel am Platz, selbst das ruiniert Ihre Finanzen vermutlich nicht: Das **Doubletree Downtown** (616 W. 7th Street, Tel. 918-587-8000, Mittlere bis Obere Preisklasse) ist zentral gelegen und verfügt über Swimmingpool, Fitneßraum, Bar und Restaurant. Einen Superlativ hat selbst Tulsa zu bieten: Das **Gilcrease-Museum** (1400 Gilcrease Museum Rd., Tel. 918-596-2700, Mo–Sa 9–17 Uhr, Do bis 20 Uhr, sonntags 13–17 Uhr, Eintritt frei) verfügt über die weltgrößte Sammlung zu Kunst und Kultur des amerikanischen Westens. Eine Spezialität der Stadt sind die Barbecue-Restaurants, probieren Sie das **Sooner Barbecue** (4955-F S. Memorial, Tel. 918-664-7459, Mittlere Preisklasse) oder das **Elmer's B-B-Que** (4130 South Preoria, Tel. 918-747-6475, Untere Preisklasse). Achtung: Die zünftigsten B-B-Q-Läden befinden sich nicht gerade in den besten Vierteln der Stadt. Lassen Sie deshalb Wertsachen besser im Safe.

Will Rogers Memorial (Claremore) ■ P 6

Da mit Ausnahme von Pizzasorten so ziemlich alles im Staat Oklahoma nach seinem berühmtesten Sohn, dem Schauspieler und Cowboy-Philosophen (was immer das sein mag) Will Rogers (1879–1935) benannt wurde, ist es auch für Durchreisende beinahe eine Ehrenpflicht, beim Will Rogers Memorial in Claremore und am Grab des seinerzeit höchstbezahlten Radio-Entertainers vorbeizuschauen. Natürlich gibt es auf dem Gelände ein Souvenirgeschäft und ein riesiges Will-Rogers-Archiv.

1720 W. Will Rogers Blvd.
Claremore
Tel. 918-341-0719
Mo–So 8–17 Uhr
Eintritt frei

Im Big-8-Motel wurde ›Rain Man‹ gedreht

Durch Texas

■ N 7–L 7

Alles ist ein bißchen größer in Texas«, behaupten die Bewohner des riesigen Bundeslandes selbstbewußt. Daß dies mehr ist als nur ein Slogan, werden Sie schnell merken, auch wenn Ihre Fahrt gerade mal 200 Meilen durch den äußersten Norden von Texas, den Panhandle oder Pfannenstiel (ein Blick auf die Landkarte erklärt den Spitznamen) führt. Beinahe schlagartig ändert sich mit dem Verlassen von Oklahoma die Szenerie. Das Land wird weiter, erscheint endlos, dürr und trostlos. Tatsächlich sind Sie aber noch in einer der fruchtbarsten Gegenden des Bundesstaates unterwegs.

Anderer Menschenschlag

Auch die Menschen, denen Sie zwischen **Texola** und **Glenrio** begegnen werden, haben nicht mehr viel mit den trägen, aber unendlich freundlichen »Okies« gemein. Die Texaner sind zwar, ganz wie es sich für Südstaatler gehört, immer höflich, bleiben dabei aber stets reserviert. Wundern Sie sich außerdem nicht, wenn Sie jemand wegen Ihres Akzentes fragt, aus welchem Teil von Texas Sie kommen. Natürlich soll es ein Scherz sein, aber ein bißchen Stolz für die riesigen Weiten des zweitgrößten US-Bundesstaates schwingt in der Frage schon mit.

Wenn Sie von den vielen gut erhaltenen Streckenstücken der Route 66 in Oklahoma verwöhnt sind, bringt Sie Texas wieder auf den Boden zurück. Mehrmals müssen Sie hier auf die Interstate ausweichen, weil die alte »66« einfach im Nichts endet. Lassen Sie sich davon die Urlaubsstimmung nicht vermiesen, es warten noch viele wunderschöne Originalmeilen auf Sie.

Holperstrecke mit Schlaglöchern

Egal, ob Sie auf der Interstate oder der Landstraße die Grenze von Oklahoma nach Texas überquert haben: Fahren Sie bei **Texola** auf die südliche, also linke Versorgungsstraße. Wieder und wieder wurde die alte Route 66 hier ausgebessert und der Belag erneuert. Das Ergebnis: eine Straße mit ständig wechselnden Oberflächen. Rasen Sie also besser nicht so. Nach knapp 14 Meilen erreichen Sie **Shamrock**. Weitere 18 Meilen sind es auf der Frontage Road bis **McLean**.

Wenn Sie an den vielen kleinen unbefahrbaren Stückchen unterwegs verzweifeln, fahren Sie einfach auf der Interstate bis hierher, wo nicht nur der Sitz der **Old Route 66 Association of Texas**, sondern auch der Standort für ein außergewöhnliches Museum ist: das **Devil's Rope Museum**. Bei der ersten Interstate-Abfahrt westlich von McLean haben Sie die Möglichkeit, die Fahrt auf der südlichen, also linken, Service-Road der Interstate 40 fortzusetzen.

Sentimentales Städtchen

Alternativ können Sie die Interstate 40 nutzen, wobei Sie in jedem Fall der Stadt **Alanreed** einen Besuch abstatten sollten. Die von der Route 66 Association restaurierten Überbleibsel der guten alten »66«-Zeit vermitteln so etwas wie ein Zeitreisen-Gefühl. Westlich von Alanreed bleibt Ihnen nichts anderes übrig, als auf die Interstate 40 aufzufahren und auf ihr bis zur Abfahrt **Leaning Tower of Texas/Groom** zu bleiben.

Von dort aus fahren Sie in Richtung Süden nach **Groom**, dessen schiefer Wasserturm zum kurzen Stopp verleitet. Entweder fahren Sie in **Groom** wieder auf die Interstate bis zum Exit 85, oder Sie testen wieder einmal Ihre Pfadfinderqualitäten: In diesem Fall fahren Sie etwa eine Meile hinter dem westlichen Ende der Stadt links, überqueren eine Straße und biegen nach rechts auf eine alte zweispurige Strecke ein.

In **Conway** biegen Sie rechts auf die SR 207 ein. Fahren Sie nach sieben Meilen nach rechts, um die Interstate 40 zu überqueren und anschließend nach links auf die nördliche Versorgungsstraße einzubiegen, die Sie bis zur Höhe des Interstate-Exit 85 befahren. Kurz dahinter treffen Sie auf die **Durrett Road**, auch als Business-Loop 40 bezeichnet.

Dies ist das äußerst östliche Ende der Route-66-Strecke durch **Amarillo** (→ Entlang der Route 66). Fahren Sie nach rechts auf die Durrett Road, die Sie mitten in die Stadt bringt. Um Amarillo zu verlassen, befahren Sie den Amarillo Boulevard nach Westen, biegen nach links auf die Pierce Street ein und fahren auf dieser Straße, bis Sie auf die 6th Avenue (nicht 6th Avenue NE!) abbiegen können. Hier haben Sie eine letzte Chance, das Antiquitätenviertel zu besuchen. Nach einer Links- und einer Rechtskurve sollten Sie sich auf der 9th Street befinden, von der Sie nach links auf den Amarillo Boulevard abbiegen.

Klassiker Cadillac Ranch

Zahlreiche alte Motels säumen hier die Straße. Nun sind Sie wieder auf der Original-Straße und auf dem Weg nach **Vega**. Achtung: Die **Cadillac-Ranch** (→ Amarillo), ein Muß auf der Route-Tour, verpassen Sie auf dieser Streckenführung. Sie sollten während Ihres Aufenthaltes in Amarillo separat einen Abstecher zu diesem ganz besonderen Autofriedhof machen, der westlich der Stadt direkt an der Interstate 40 gelegen ist.

Die nördliche Versorgungsstraße führt, ohne daß Sie abbiegen müssen, fast bis zur Staatsgrenze mit New Mexico. Zwischen Vega und Adrian am Interstate-Ext 28 lohnt sich noch ein Stopp bei **Route 66 Antiques**. Westlich von **Adrian** bleibt Ihnen abermals nichts anderes übrig, als auf der Interstate den Rest von Texas an sich vorbeiziehen zu lassen.

Entlang der Route 66 in Texas

Devil's Rope Museum   ■ M 7
Ganz nebenbei ist dies ein Route-66-Museum und gleichzeitig der Sitz der **Old Route 66 Association of Texas**. Hauptsächlich aber ist die Ausstellung Zäunen gewidmet, und hier wiederum der Geschichte des Stacheldrahtes. Die eigenwillige Sammlung bestätigt einmal mehr, daß es in Amerika auch bei Museen nichts gibt, was es nicht gibt.
Old Route 66, Ecke Kingsley Street
McLean
Tel. 806-779-2225
1. April–31. Okt. Di–Sa 10–16 Uhr, So 13–16 Uhr; 1. Nov.–31. März, Fr und Sa 10–16 Uhr So 13–16 Uhr

Route 66 Antiques (Vega/Adrian)   ■ L 7
Eigentlich hatte der Besitzer dieses Ladens sein Auskommen durch die ideale Lage an der 6th Street in Amarillo. Leider lief der Pachtvertrag aus, und Route 66 Antiques zog um. Das Management machte aus der Not eine Tugend und eröffnete zwischen Vega und Adrian eine interessante Mischung aus Restaurant im Diner's-Look, Museum und Geschäft.
Old Route 66
Zwischen Vega und Adrian (Interstate-Exit 28)
Tel. 806-376-8536

Shamrock   ■ M 7
Der Name dieser Stadt klingt nicht von ungefähr nach Irland. Ein irischer Auswanderer benannte Shamrock voller Heimweh nach seiner alten Heimat. Freunde von Art-Déco-Bauten kommen in Shamrock auf ihre Kosten: Das berühmte **U-Drop-Inn** (105 East 12th Street, Tel. 806-205-2221, Untere Preisklasse) und die benachbarte Tankstelle erinnern daran, daß Shamrock seit Ewigkeiten von Route-Reisenden lebt.

»Don´t mess with Texans« ist der Wahlspruch der Texaner – wird schon stimmen...

Sicherlich sind Sie bereits in Texas von Autos überholt worden, die auf dem Nummernschild für

Durch
New Mexico
■ L 7–G 7

New Mexico, das Land der Verzauberung (»Land Of Enchantment«) geworben haben. Der erste Eindruck des riesigen Bundesstaates ist allerdings alles andere als zauberhaft. An die endlosen Weiten, die sich in Texas eher zaghaft angedeutet haben, müssen Sie sich nun dauerhaft gewöhnen. Hunderte von Meilen lang kommen Sie nun durch eine Gegend, für die der Amerikaner den Ausdruck »in the middle of nowhere«, also »mitten im Nichts« gefunden hat. Das führt soweit, daß selbst aus dem UKW-Radio nur noch Rauschen kommt.

Trotzdem wird wahrscheinlich auch Ihnen Erstaunliches passieren. Je länger Reisende in diesem vermeintlichen Niemandsland unterwegs sind, desto mehr schärfen sich die Sinne für die wahre Schönheit New Mexicos, die dann tatsächlich etwas Verzauberndes hat.

Blauer Himmel verzaubert

Als besonders beeindruckend beschreiben Routies immer wieder die faszinierende sattblaue Himmelsfarbe, wie man sie nirgendwo sonst in Amerika sieht. Nicht nur in Tucumcari, der einstigen Hotelhauptstadt der USA, hält New Mexico beinahe allabendlich ein besonderes Naturschauspiel für seine Gäste parat: ein

stundeslanges Wetterleuchten, das je nach Stimmung des Betrachters gleichermaßen unheimlich wie beruhigend wirken kann.

Bei so viel Naturschönheit wird es beinahe nebensächlich, daß Route-Reisende in New Mexico schlechte Karten haben. In keinem anderen Bundesstaat, durch der die Mother Road führt, legen Routies so viele Meilen auf der Interstate zurück, weil die Original »66« entweder gar nicht vorhanden ist oder sich in einem desolaten Zustand befindet.

Die aktuellen Streckenführungen verzichten zudem auf den in den 20er Jahren notwendigen Umweg über das sehenswerte Santa Fe. Wir schließen uns dieser bequemeren Tour zwar an, empfehlen aber unbedingt von Albuquerque aus einen Abstecher in die Pueblostadt.

Städtekampf ums Überleben

Wenn Sie, wie vorgeschlagen, über die Interstate nach New Mexico hineinfahren, verlassen Sie die Schnellstraße für einen kurzen Trip durch das Grenzstädtchen **Glenrio**. Setzen Sie Ihre Fahrt entweder auf der Interstate bis San Jon fort, oder versuchen Sie Ihr Glück auf dem Überbleibsel der Route, die hier aber besonders nach Regenfällen schmutzig und rutschig sein kann. Sie sind auf dem richtigen Weg, wenn die Asphaltdecke plötzlich endet. Die »Straße« kurvt dann leicht nach links. Eine

Ansammlung von Briefkästen rechts erinnert an den Ort **En-dee**. Nach 15 Meilen erreichen Sie **San Jon**: Eine geschlossene **Whiting-Brothers-Tankstelle** und die Überreste des **Circle M Motels** sind Zeugen einer besseren, Interstate-freien Zeit.

Wesentlich besser hat sich da **Tucumcari** gehalten, das als nächste größere Stadt auf San Jon folgt. Hier sollten Sie unbedingt eine Zwischenübernachtung einlegen. Wenn Sie Tucumcari auf dem Business-Loop 40 verlassen, ist es notwendig, für einige Meilen die Interstate zu nutzen. Verlassen Sie die Autobahn an der »Palamos«-Abfahrt, überqueren Sie die Interstate, und biegen Sie hinter dem Restaurant **Stuckey's** rechts ab. Nach zehn Meilen (Sie haben zwischenzeitlich die Interstate unterquert) kommen Sie nach-einander durch **Montoya**, **New-kirk** und **Cuervo**, drei weitere Städtchen, die vermutlich vergeblich um ihr Überleben kämpfen.

Ein Stück Geschichte

Abermals ist es Ihre Entscheidung, ob Sie auf der Route (die hier übrigens teilweise noch aus dem Jahr 1918 stammt) Ihr Glück versuchen oder besser gleich die Interstate bis Santa Rosa nehmen. Die alte Straße finden Sie am westlichen Ende von Cuervo. Jenseits der Interstate ist eine Straße, die in westlich/südwestlicher Richtung verläuft. Folgen Sie dieser und fahren Sie dabei besonders langsam und vorsichtig.

Biegen Sie nach etwa zehn Meilen auf die State Route 156 nach rechts ab, um nach **Santa Rosa** zu kommen. Gönnen Sie

Der White Sands Nationalpark liegt schon etwas abseits der Route 66

dem geschlossenen **Club Café** einen extra Augenblick. Reisende freuten sich seinerzeit schon Dutzende Meilen im voraus auf »Fat Man«, das Firmensymbol vor dem Restaurant. Heute ist das Club Café Geschichte. Hinter Santa Rosa müssen Sie abermals auf die Interstate einbiegen. Lassen Sie sich nicht von den scheinbar gut erhaltenen Straßen rechts und links der Autobahn locken. Sie enden alle früher oder später im Nichts.

75 Meilen Interstate

Bleiben Sie die nächsten 75 Meilen auf der **Interstate 40** bis zum Exit 196, **Moriarty**. Nehmen Sie die Main Street durch die Stadt, Sie sind dann auf der Original-Route unterwegs. Am westlichen Stadtausgang, direkt hinter dem **Rip Griffen Truck Stop**, fahren Sie links und sofort wieder rechts. Damit sind Sie wieder auf der »Mother Road«, die während der nächsten 20 Meilen an der Interstate entlang führt. Zu den Städtchen, die Sie durchqueren, gehören **Edgewood**, **Barton**, **Sedillo** und **Zuzax**.

Hinter Tijeras erwartet Sie ein interessanter Streckenabschnitt, der Sie durch den **Tijeras-Canyon** nach **Albuquerque** (→ Entlang der Route 66) führt. Die Fahrt durch Albuquerque sollten Sie auf der **Central Avenue** unternehmen, der einstigen Route 66. Westlich der Stadt fahren Sie entweder auf die Interstate oder auf die Frontage Road in Richtung Westen.

n **Correra** sind Sie abermals vor die Entscheidung gestellt. Um auf die Interstate zu kommen, nehmen Sie die State Route 6 bis zur Autobahnauffahrt. Andernfalls fahren Sie geradeaus weiter, passieren nach etwa elf Meilen **Mesita** und kommen nach weiteren fünf Meilen nach **Laguna**.

Hemingway in der Wüste

Route-Fans halten die folgenden Meilen für einige der schönsten in New Mexico, nehmen Sie sich a so entsprechend Zeit. Sie passieren nacheinander New Laguna, Paraje, Budville und **Villa de Cubero**. Letztere Ansiedlung zehrt übrigens noch heute von dem Ruhm, daß ausgerechnet hier, mitten in der Wüste, Ernest Hemingway sein Meisterwerk »Der alte Mann und das Meer« schrieb. Gut sechs Meilen nach Cubero überqueren Sie die Interstate 40 und setzen Ihre Fahrt nun auf der Südseite der Autobahn fort. Nach sechs Meilen kreuzen Sie zurück auf die Nordseite.

Biegen Sie auf dem Hügel nach rechts auf die State Road 11 ab, die Sie nach **Grants** bringt. Entlang der **East Santa Fe Avenue** stehen die Motels aus der guten alten Route-66-Zeit dicht an dicht. Viele sind heute allerdings geschlossen und warten auf neue Besitzer, wahrscheinlich ein vergebliches Unterfangen. Wenn Sie genug Zeit haben, besuchen Sie das **Mining Museum**. Spätestens ab **Grants** gehören übrigens die unendlich langen Eisenbahnzüge mit ihren bis zu sechs knallgelben **Santa-Fe-Loks** ständig zum Landschaftsbild.

Original-Nummernschild

Hinter der Minenstadt kommen Sie nacheinander durch **Milan**, **Bluewater** (wenn Sie ein original amerikanisches Nummernschild brauchen, sind Sie beim **Route 66 Swap Meet** richtig, hier sind tausende von »License plates« im Angebot), **Prewitt** und **Thoreau**. Fahren Sie bei der **Continental Divide** (Wasserscheide) auf die Interstate, die Sie nach etwa zehn Meilen bei Exit 36 wieder verlassen.

Der alte Highway bringt Sie direkt nach **Gallup**. Am westlichen Ende von Gallup unterqueren Sie die Interstate. Nach 3 Meilen müssen Sie nach links abbiegen, um abermals die Interstate 40 zu unterqueren. Die Straße, die geradeaus weiterführt, ist eine Sackgasse. 0,3 Meilen hinter der Interstate 40 biegen Sie nach rechts ab und folgen der Straße um die **State Truck Inspection Station** herum. Anschließend sind Sie wieder auf der **Old Route 66**. Nach 4,5 Meilen unterqueren Sie abermals die Interstate, von diesem Punkt aus sind es noch etwa acht Meilen bis zur Grenze nach Arizona.

Entlang der Route 66 in New Mexico

El Rancho Hotel (Gallup)　■ G 7

Die Glanzzeiten sind vorbei – doch einst trafen sich hier Hollywoodstars. In Raum 103 hat bereits Ronald Reagan geschlafen, in Raum 213 Humphrey Bogart, in Zimmer 109 Doris Day, Kirk Douglas bewohnte Nr. 105, Gregory Peck die 111. Die Marx Brothers waren in Raum 118 untergebracht (womöglich alle gleichzeitig?), und John Wayne erholte sich in Zimmer 100 von eines langen Tages Ritt.
1000 East Highway 66
Gallup
Tel. 505-863-9311
Mittlere Preisklasse

Mining Museum (Grants)　■ H 7

Der Uranabbau ist das Thema im angeblich einzigen Museum seiner Art und würdigt den einstigen Ruf von Grants als Welthauptstadt der Uranförderung.
100 Iron St., Ecke Santa Fe Avenue/Route 66
Grants
Tel. 505-287-4802
Mo–Sa 10–16 Uhr, So 13–16 Uhr

Tucumcari　■ K 7

»Tucumcari tonight« hieß der Slogan, mit dem das Städtchen im Osten New Mexicos während der Blütezeit der Route 66 warb. Tatsächlich übernachtete damals beinahe jeder, der auf der Mother Road unterwegs war, in dem Ort, der schon in den 50er Jahren die unvorstellbare Zahl von 2000 Motelzimmern bereithielt. Wir verzichten bei Tucumcari ausnahmsweise auf eine Motelempfehlung. Die Auswahl an Herbergen ist riesig, die Konkurrenz drückt die Preise beinahe ins Bodenlose.

Wenn Sie Arizona nur mit kargen Steinlandschaften und natürlich dem Grand Canyon verbinden, sollten Sie sich für den nächsten Abschnitt Ihrer Reise auf einige Überraschungen gefaßt machen. Hätten Sie beispielsweise damit gerechnet, in der Nähe von Flagstaff auf sattgrüne Pinienwälder zu treffen? Für viele Route-Reisende sind die knapp 400 Meilen durch Arizona die authentischsten der gesamten Strecke. Unter anderem rühmt sich der Bundesstaat, über das längste ununterbrochene Teilstück der Mother Road zu verfügen. Das ändert allerdings nichts daran, daß Sie hier öfter als irgendwo sonst auf Ihrer Reise vor dem Schild »Dead End« stehen und immer wieder auf die Interstate ausweichen müssen. Die hiesige Route 66

Durch Arizona

■ G7–C8

Association gehört zu den rührigsten in ganz Amerika, der nationale Dachverband wurde in Arizona gegründet, und viele Städte haben sich den Original-Route-Look bis heute bewahrt. Nehmen Sie sich also genügend Zeit für diesen Abschnitt.

Oft hilft nur die Interstate

Setzen Sie, von Gallup kommend, Ihre Fahrt auf der **Old Route 66** (nördliche Interstate Frontage Road) fort. Kurz nach der Staatsgrenze fahren Sie links, unterqueren die Interstate 40 und kommen anschließend nach rechts auf den alten Highway. Auf den folgenden Meilen ist die alte Route teilweise in einem schlechten Zustand oder endet im Nichts. Wenn Sie nicht der

Naturwunder Petrified Forest: 180 Millionen Jahre alte Bäume aus Stein

Pfadfindertyp sind, fahren Sie von **Lupton** bis **Navajo** (Exit 325) auf der Interstate. Andernfalls setzen Sie Ihre Fahrt auf der Versorgungsstraße fort.

Lassen Sie sich nach gut vier Meilen an der Kreuzung mit der Interstate nicht vom Schild »Dead End« irritieren, und fahren Sie weiter geradeaus. Nach weiteren 15 Meilen auf teilweise unasphaltierter Straße (nach Regen eventuell überflutete Senken!) kommen Sie nach **Chambers**.

Eine Meile nach dem Ortseingang müssen Sie links abbiegen und anschließend auf die Interstate fahren, weil die Frontage Road endet. Am Exit 325 (Navajo) verlassen Sie die Autobahn, fahren links und am Fuß der Rampe rechts auf die erste Straße. Nach gut zwei Meilen fahren Sie rechts, unterqueren die Interstate und setzen dann Ihre Tour mit einer Linkskurve fort (teilweise riesige Schlaglöcher). Fahren Sie bei Abfahrt 320 (Pinta Road) zurück auf die Interstate. Sie können Ihre Fahrt auch für weitere fünf interessante Meilen auf der alten »66« fortsetzen, müssen dann aber wenden und zur Abfahrt 320 zurückkehren.

Eine Nacht im Tipi

Bleiben Sie auf der Interstate 40 bis zum Exit 311, der zum Nationalpark **Painted Desert/Petrified Forest** führt. Nach Besuch des Parks fahren Sie abermals auf die Interstate, bis Sie nach **Holbrook** kommen. Der Business-Loop bringt Sie in diese typische Route-66-Stadt. Wenn Sie schon immer einmal in einem Tipi schlafen wollten, haben Sie im **Wigwam Motel** Gelegenheit dazu. Hinter Holbrook sind Sie abermals gezwungen, bei Streckenkilometer 283 auf die Interstate zu fahren. Nehmen Sie Exit 277, und folgen Sie der Main Street, der ehemaligen Route 66, durch **Joseph City**. Fahren Sie gut eine Meile hinter dem geschlossenen Pacific Café nach links, überqueren Sie die Interstate, und nehmen Sie anschließend die Frontage Road in Richtung Westen.

Folgen Sie hinter dem Route-66-Restaurant **Jackrabbit** der nächstmöglichen Auffahrt auf die Interstate. Verlassen Sie die Interstate 40 am Exit 264 (Hibbard Road). Fahren Sie rechts und gleich wieder links, halten Sie Ihre Kamera bereit. Denn hier beginnt ein außergewöhnlich schöner Abschnitt der Route. Gut sieben Meilen lang windet sich die Straße durch die Hügel, bis sie auf Highway 87 trifft. Fahren Sie links, überqueren Sie die Interstate, und biegen Sie nach rechts ab.

Dead End

Die »66« führt Sie nach **Winslow**, bekannt aus dem »Eagles«-Song »Take it Easy«. Sollten Sie etwas mehr Zeit übrig haben, besuchen Sie das sehenswerte **Old Trails Museum**. Hinter Winslow ist die alte Route 66 durch ein Gitter abgesperrt. Sie müssen also abermals die Interstate benutzen. Exit 233 ist ein Muß nicht nur für alle Weltraum-Fans. Die Straße führt zum **Meteor Crater**, wo vor 49 000 Jahren ein Meteor ziemlich eindrucksvoll seine Spuren hinterlassen hat – nach dem Besuch zurück auf die Interstate. Für einige Zeit gibt es keine Möglichkeit, dauerhaft die Route 66 zu befahren. Trotzdem wäre es schade, Städte wie **Two Guns** (Exit 230), **Twin Arrows** (Exit 219) oder **Winona** (Exit 211) einfach links liegen zu lassen. Verlassen Sie an den entsprechenden Abfahrten einfach die Interstate, kurven ein wenig herum und kehren dann zurück.

Kurz zum Grand Canyon

Auf jeden Fall sollten Sie Exit 204 im Auge behalten. Von hier führt Sie die Straße, die jetzt wieder die alte Route 66 ist, direkt nach **Flagstaff** (→ Sehenswerte Orte und Ausflugsziele, S. 52). Wenn Sie einen Ausflug zum **Grand Canyon** planen, ist Flagstaff eine günstige Basis. Am westlichen Ende von Flagstaff fahren Sie an der Kreuzung von Business Loop 40 und Arizona 66 rechts. Nach knapp vier Meilen müssen Sie wieder auf die Interstate.

Verlassen Sie die Autobahn bei **Williams**. Das Städtchen ist als Ausgangspunkt für eine Grand-Canyon-Tour erstaunlicherweise nicht so bekannt wie Flagstaff, obwohl es eigentlich näher am Canyon liegt. Auf jeden Fall gibt es nur von hier aus die Möglichkeit, mit der **Grand Canyon Railway**, einem nostalgischen Zug, zur Schlucht zu

Die Kakteen begleiten uns auf der Fahrt durch New Mexico

fahren. Am westlichen Ende von Williams sollte abermals die Interstate Ihre Wahl sein.

Nutzen Sie die Gelegenheit für einen Ausflug nach **Ash Fork**, kehren Sie auch dort auf die Interstate zurück, und fahren Sie bis zur Ausfahrt Crookton Road. Hier können Sie sich von der Interstate 40 für geraume Zeit verabschieden, denn jetzt beginnt das längste ununterbrochene Stück Route 66.

Retter der Route 66

Folgen Sie der Crookton Road nach **Seligman**, der Heimatstadt von **Angel Delgadillo**, dem Gründer der **Historic Route 66 Association**. Wenn Sie im **Snow Cap Drive-In** einen Happen zu sich nehmen, sind Sie übrigens Gast bei Angels Bruder Juan Delgadillo. Folgen Sie der Straße, die jetzt weiter ins Inland führt. Erstaunlicherweise hat hier, fernab vom Verkehr, die Touristenattraktion **Grand Canyon Caverns** bis heute überlebt. Falls Sie hungrig sind, sollten Sie in Truxton einen Stopp beim **Frontier Café** einlegen, ein weiteres Route-66-Original. Wenn Ihr Timing stimmt, werden Sie sich am Ende eines langen Tages **Kingman** nähern.

Ein echter Geheimtip ist der Abstecher in das Spielerstädtchen **Laughlin** in Nevada. Die 30 Meilen Umweg lohnen sich: In Laughlin sind von Sonntag bis Donnerstag Zimmer für vier Personen teilweise für weniger als 15 Dollar zu haben.

Fordernde Bergstrecke

Das letzte Streckenstück von Arizona führt über eine Serpentinenstraße durch bergiges Gelände. Für ein Auto, das normal gut in Schuß ist, sollte die Fahrt keine Probleme mit sich bringen. Sind Sie skeptisch, nehmen Sie besser die Interstate bis **Needles**, Kalifornien. Haben Sie sich für den schwereren Weg entschieden, merken Sie sich Ihren Kilometerstand, wenn Sie in Richtung Westen fahrend in Kingman das **Chamber of Commerce** passieren. Nach fünf Meilen müssen Sie am Stoppschild rechts abbiegen, unter der Interstate herfahren und am nächsten Stoppschild links abbiegen. Dies bringt Sie auf die alte Straße.

Während Sie Ihren Anstieg in die Berge vorbereiten, denken Sie daran, welche Strapaze es für die überladenen Autos der »Okies« in den 30er Jahren gewesen sein muß. Nicht gerade leichter wurde das Unterfangen durch die Tatsache, daß der »reiche« Bundesstaat Kalifornien an seinen Grenzen zwielichtige Wachen aufstellte, die arm aussehende Reisende erst gar nicht ins Land ließen.

Cool Springs Camp, dessen Ruinen Sie passieren, war seinerzeit beliebter Stopp, um noch einmal Kühlwasser nachzufüllen. Die nächsten Meilen werden Sie genug damit zu tun haben, auf die Straße zu achten. Gönnen Sie sich und dem Auto auf jeden Fall in **Oatman** eine Ruhepause.

Kaum zu glauben: ein Esel

Trauen Sie Ihren Augen ruhig, wenn Ihnen auf der Fahrt plötzlich ein Esel den Weg versperrt. Die »Burros« waren unverzichtbare Lasttiere in der guten alten Zeit, als in Oatman noch intensiv Bergbau betrieben wurde. Sie haben sich ihrem kargen Lebensraum angepaßt und leben heute hervorragend vom Futter, das ihnen die unzähligen Touristen mitbringen.

Gut zwei Meilen hinter **Cactus Joe's** gabelt sich die Straße. Nehmen Sie die linke Strecke. Nach gut 20 Meilen verabschiedet sich Arizona mit dem Städtchen **Topock**. Dort fahren Sie am besten auf die Interstate 40 in Richtung Westen.

Entlang der Route 66 in Arizona

Frontier Café (Truxton) ■ D 7

»Real home cooking by the girls of Oklahoma«, echte Hausmannskost von den Mädchen aus Oklahoma«, das verspricht die Speisekarte dieses Restaurants, das seit Jahrzehnten bei Route-Fans ein Begriff ist. Die Girls from Oklahoma waren übrigens seinerzeit selber auf der »66« unterwegs, strandeten hier in Truxton Valley und eröffneten das Frontier Café – ein Glücksfall für alle Route-Reisenden, die nach ihnen kamen. Bestaunen Sie die Colaflaschen-Sammlung von Besitzerin Mildred Barker, und probieren Sie unbedingt den »pie« (Kuchen).
Route 66 in Truxton Valley, Meilenstein 95
Tel. 520-769-2238
Untere Preisklasse

Grand Canyon Caverns (bei Peach Springs) ■ D 7

Der Name täuscht: Diese Höhlen haben mit dem Grand Canyon nicht allzuviel zu tun. Sie sind aber, seitdem es die Route 66 gibt, Pflichtprogramm zumindest bei allen Reisenden, die Kinder im Wagen haben. Der Dinosaurier am Eingang dürfte inzwischen von Hunderttausenden Kinderhänden angefaßt worden sein. Die geführte Tour dauert etwa 45 Minuten und führt 70 Meter in die Tiefe.
Historic Route 66
Peach Springs
Tel. 520-422-3223
16. Juni–Labor Day tgl. 8–18 Uhr, Labor Day–15. Juni tgl. 10–17 Uhr
Eintritt Erwachsene 7,50 $, Kinder (4–12 Jahre) 5–15 $, Kinder unter 4 Jahren frei

Grand Canyon Railway (Williams) ■ E 7

Wenn Sie keine Lust haben, sich im Auto-Stau dem Grand Canyon von Flagstaff aus zu nähern, bietet sich Ihnen in Williams mit der Grand Canyon Railway eine ebenso angenehme wie außergewöhnliche Alternative. Weißbehandschuhte Eisenbahnbedienstete geleiten Sie am historischen »Williams Depot« von 1908 in der Zug. Die zweistündige Fahrt führt über 65 Meilen durch Pinienwälder, über weite Ebenen und kleine Schluchten.
Williams Depot
Downtown Williams
Tel. 1-800-843-8724
Abfahrt Williams tgl. 9.30 Uhr, Rückfahrt ab Grand Canyon 15.15 Uhr
Erwachsene 49 $, Kinder und Jugendliche (3–16 Jahre) 19 $; Aufpreis für die Club-Klasse 12 $, Aufpreis für die luxuriöse Chief-Klasse 50 $

Kingman ■ D 7

Nur die Lage macht das Städtchen interessant für eine Zwischenübernachtung: Von hier aus sind es nur wenige Meilen zur alten Straße, die über die Berge nach Kalifornien führt und die echte Routies nur im Morgengrauen befahren.
Übernachten Sie am besten im **Quality Inn** (1400 East Andy Devine, Tel. 520-753-4747, Untere bis Mittlere Freisklasse), dessen Lobby ein kleines Route-66-Museum beherbergt. Wenn Sie die Gelegenheit haben, unterhalten Sie sich beim Frühstück mit Jerry Richard. Er ist ein echter Route-Fan und kann so manche Anekdote erzählen. Mehr als 30 weitere Motels und Hotels, allesamt an der **Andy Devine Road** gelegen, buhlen um Ihre Gunst mit Preisen, die bei 25 Dollar pro Zimmer beginnen. Bei genügend Zeit besuchen Sie das **Mohave Muse-**

um of History and Arts (400 West Beale Street, Telefon 520-705-3195) mit einer angenehm knapp gehaltenen, aber interessanten Ausstellung zur Geschichte der Region.

Kingman Chamber Of Commerce
333 Andy Devine
King, AZ 86402-1150
Tel. 520-753-6106

Meteor Crater
(bei Winslow) ■ E 7/E 8
Vor 49 000 Jahren hat hier ein riesiger Meteorit gewissermaßen seine Visitenkarte hinterlassen. Der Krater mit einem Durchmesser von 1,5 km und einer Tiefe von mehr als 150 m ist groß genug, um ein 60stöckiges Gebäude darin verschwinden zu lassen. Unter Fachleuten gilt der Krater als besterhaltener Einschlagpunkt eines Meteors auf der Erde. Besuchern bietet sich von einer Aussichtsplattform aus die Möglichkeit zu einem Blick ins Innere, wo vielleicht gerade Astronauten trainieren. Die Nasa nutzte den Meteor Crater als Vorbereitungscamp für Mondspaziergänge. Ein kleines Astronautenmuseum würdigt diese Tatsache. Meteor Crater Road
Interstate 40, Exit 233
Tel. 520-289-5898
15. Mai–15. Sept. tgl. 6–18 Uhr,
16. Sept.–14. Mai 8–17 Uhr
Eintritt Erwachsene 7 $, Senioren 6 $, Studenten/Kinder (13–17 Jahre) 2 $, Kinder (6–12 Jahre) 1 $

Petrified Forest/Painted Desert
(bei Holbrook) ■ F 7/F 8
Dieser Nationalpark im »Doppelpack« ist unverständlicherweise bei Reisenden relativ unbekannt. Der Petrified Forest (versteinerter Wald) entstand aus einer Laune der Natur heraus. Vor Jahrmillionen versteinerten hier die Bäume und bieten heute einen faszinierenden Anblick. Der nördliche Teil des Parks, Painted

Desert, besteht aus Sedimentgestein, das je nach Sonneneinstrahlung seine Farbe wechselt, von Rot über Orange bis Purpur.
Petrified Forest National Park, Interstate 40, Exit 311
Tel. 520-524-6228
Tgl. 7–19 Uhr (Sommer), 8–17 Uhr (Winter)
Eintritt 5 $ pro Pkw

Snow Cap Drive-In
(Seligman) ■ D 7
Achtung: Betreten Sie dieses Lokal nur, wenn Sie Spaß verstehen. Juan Delgadillo ist ein Komiker, wie er im Buche steht. Seine Gäste schätzen die skurrile Einrichtung mit falschen Türknäufen und »gebrauchten« Servietten seit nunmehr 40 Jahren. Wundern Sie sich nicht, wenn Sie Kaffee bestellen und die Frage heißt: »Frischen oder den von gestern?« Bei soviel Humor ist das Essen dann beinahe nebensächlich.
Main St.
Seligman
Tel. 520-422-3291
Untere Preisklasse

Wigwam Motel (Holbrook) ■ F 8
Einmal eine Nacht im Indianerzelt verbringen? Nichts leichter als das, zumindest in Holbrook. Aber keine Angst: Dies wird keine kalte, nasse Nacht wie weiland zu Pfadfinderzeiten, Sie sind schließlich in Amerika. In den Tipis des Wigwam Motels verbergen sich richtige Zimmer mit fast allem Komfort. Achtung: Direkt hinter den Motels führt eine Bahnlinie entlang. Für den einen mag das ständige Gerattere der Güterzüge eine einschläfernde Wirkung haben, für andere ist es nervtötend.
811 West Hopi Dr.
Holbrook
Tel. 520-524-3048
15 Zimmer
Untere Preisklasse

Inzwischen haben Sie sicher festgestellt, daß eine Reise auf der Route 66 beinahe zufällig einer perfekten Dramaturgie zu folgen scheint. In Kalifornien erlebt dieser Handlungsablauf seinen imposanten Höhe- und Schlußpunkt mit der Ankunft am Pier in Santa Monica. Die Mega-Stadt Los Angeles wirft ihre Schatten voraus. Auch Sie werden sich dabei ertappen, daß Sie öfter als nötig die Interstate benutzen werden, um schneller ans Ziel zu kommen. Eine verständliche Reaktion, nachdem Sie jetzt schon mindestens 2000 Meilen zurückgelegt haben. Wenn Sie können, sollten Sie jedoch dem Verlangen widerstehen, das Gaspedal einfach durchzutreten. Kalifornien hält auf den letzten 300 Meilen der Route noch einige zauberhafte Überraschungen für Sie bereit.

Durch Kalifornien

■ C8–A8

Heißeste Stadt Amerikas

Fahren Sie auf der Interstate 40 bis zur Abfahrt »Five Mile Station Road«, folgen Sie dem Schild »To US 95«, überqueren Sie die Interstate. Jetzt sind Sie auf der Route 66. Sie läuft mit der US 95 Nord zusammen und bringt Sie nach **Needles**, der heißesten Stadt Amerikas. Fahren Sie in der Stadt von der »66« auf den Broadway, folgen Sie an der »L Street« dem Zeichen »Overpass«, und biegen Sie auf den **Needles Highway** ab, eine Art Drive-Through-Museum zum Thema Route 66. Sie passieren

das **River Valley Motor Lodge**, das **El Rancho Motel**, das **Diamond Motel** und das **Best Motel** mit dem **Hungry Bear Restaurant**. Übrigens: Denken Sie daran, daß jetzt mehr als 100 Meilen Wüste vor Ihnen liegen: Es kann nicht schaden, aufzutanken und den Kühlwasserstand zu überprüfen.

Nehmen Sie die Interstate 40 nach Westen. Die Straße steigt steil an, bis Sie nach 24 Meilen die Abfahrt Mountain Springs Road in knapp 900 Metern Höhe erreicht. Verlassen Sie hier die Interstate, überqueren Sie ihn, und fahren Sie auf den **National Trails Highway**.

Alternativroute ab Needles (nicht so steil wie die Interstate-Route): Verlassen Sie die Interstate bei der Abfahrt »US 95«, fahren Sie auf der US 95 in Richtung Norden, biegen Sie nach links in die Goffs Road ab, durchqueren Sie **Goffs**, ein etwas kühleres Städtchen, und fahren Sie erst hier auf den National Trails Highway.

Folgenreicher Streich

Auf dem National Trails Highway kommen Sie zunächst durch **Essex**, zehn Meilen später durch **Danby**, dann durch die Überreste von **Summit** und anschließend durch **Chambless**. Hier war der Mittelpunkt eines riesigen Wüsten-Trainingscenter, in dem sich zwei Millionen US-Soldaten unter General Patton im Zweiten Weltkrieg auf ihre Auseinandersetzung mit General Rommel in Afrika vorbereiteten. Achten Sie in Chambless auf das **Roadrunner Café**, einst ein Treffpunkt der Route-Reisenden, heute ein verlassenes Gebäude, an dem der Zahn der Zeit nagt. **Roy's Café** in **Amboy** ist derzeit noch bewirtschaftet, ihm droht aber wahrscheinlich das gleiche Schicksal.

Zwei Meilen hinter Amboy haben Sie die Möglichkeit zu einem Abstecher zum **Amboy Crater** mitten in der Wüste. Eine nette Anekdote rankt sich um diesen Krater: In den vierziger Jahren schmissen Jugendliche aus Barstow brennbaren Müll in den Krater des erloschenen Vulkans und zündeten den Schutthaufen an. Anwohner sahen den Rauch und befürchteten einen bevorstehenden Ausbruch des längst erloschenen Vulkans. Die Santa-Fe-Eisenbahnstrecke und Route 66 wurden sicherheitshalber für drei Tage gesperrt, bevor Reporter der Los Angeles Times den Rauchschwaden auf den Grund gingen.

»Out of Rosenheim«

Die nächsten beiden (Geister-)Städte auf Ihrer Fahrt sind **Bagdad** und **Siberia**. Bagdad hat immerhin als Namensgeber für den Film »Bagdad Café« (in Deutschland: »Out of Rosenheim«) eine gewisse Berühmtheit erlangt, Siberia ist lediglich ein weiterer Stopp, der von der Route 66 lebte und mit ihr starb. In **Ludlow** nähern Sie sich wieder der Interstate. Der »Eisenbahn-Knoten-

punkt« – drei Bahnlinien treffen sich hier – hat im Gegensatz zu den benachbarten Geisterstädten das Ende der »66« als Hauptverkehrsstraße gut überlebt und ist nun ein nettes, kleines Pausenstädtchen für die Interstate-Fahrer.

Biegen Sie in Ludlow an der Crucero Road rechts ab, unterqueren Sie die Interstate 40, und fahren Sie auf die Versorgungsstraße, die mit dem National Trails Highway identisch ist. Nach 7,5 Meilen überqueren Sie die Interstate an der Lavic Road und setzen die Fahrt nach Westen auf dem National Trails Highway/der Route 66 fort.

Achten Sie in **Newberry Springs** auf das **Sidewinder Café**, das Ihnen vielleicht bekannt vorkommt. Richtig: Es ist das **Bagdad Café**, der Drehort von »Out of Rosenheim«.

Eisenbahngeschichte

Hinter **Daggett** wird der Zustand der Route 66 merklich schlechter. Sie müssen nicht nur deshalb bei der **Nebo**-Abfahrt auf die Interstate 40 fahren: Die »66« führt hier für kurze Zeit durch militärisches Sperrgebiet. Nehmen Sie die Abfahrt »Marine Corps Logistic Base«, und unterqueren Sie die Interstate. Die Straße macht eine Rechtskurve und wird zur Main Street, die Sie inklusive einer weiteren Interstate-Unterquerung nach **Barstow** bringt.

Die Stadt wurde 1886 nach dem Chef der **Santa Fe Railroad Company** benannt – das sagt be-

Heiß, heißer, Death Valley. .

reits alles aus über die wichtige Station im Railroad-Netz der USA. Doch halt: Immerhin hat es Barstow auch in den Refrain des Route-66-Klassikers »Get your Kicks« geschafft. Das **El Rancho Barstow Motel** an der First Street ist einen zweiten Blick wert, es wurde seinerzeit aus den Eisenbahnbohlen der aufgegebenen »**Tonopah & Tidewater**«-Linie gebaut. Bleiben Sie am Stadtausgang von Barstow auf der Main Street. Auf dem 36 Meilen langen Weg nach Victorville passieren Sie nicht nur einige weitere Geisterstädte, sondern auch zahllose aufgegebene Tankstellen, Cafés und Restaurants.

Nochmal Stadtdickicht

Kurz vor **Victorville** wird die Straße, auf der Sie unterwegs sind, zur D-Street. In der Stadt biegen Sie nach rechts auf die 7th Street/Business Route 15 ab. Fahren Sie auf die Interstate 15 in Richtung San Bernardino. Benutzen Sie weiter die Interstate bis zur Abfahrt **Cleghorn,** und fahren Sie nach rechts auf den **Cajon Boulevard**, die alte Route 66. An der **Kenwood Avenue** müssen Sie abermals auf die Interstate 15. Wechseln Sie sofort auf die linken Spuren, damit Sie auf die **Interstate 215** abfahren können. Nehmen Sie die Abfahrt **Devore**, biegen Sie nach links auf den **Cajon Boulevard** ab. Nach einer Meile gabelt sich die Straße, halten Sie sich rechts. Bleiben Sie auf dem Cajon Boulevard, der nach **San Bernardino** führt.

Biegen Sie nach Süden auf die **Mount Vernon Avenue** ab. Anschließend fahren Sie nach rechts auf die 5th Street, die Straße wird zum **Foothill Boulevard**. Nach zwei Meilen sind im **Wigwam Village Motel** fast immer Zimmer, pardon Zelte, frei. Übergangslos schließt sich **Rialto** an San Bernardino an. Dies war die Stadt, wo die Zitronen blühten. In den besten Jahren von Rialto brauchte es sieben Packhäuser, um die Zitrusfrüchte versandfertig zu machen. Auch das ist inzwischen Geschichte.

Auf Rialto folgt **Fontana**. **Bono's Restaurant and Deli** (15395 Foothill Boulevard) ist seit 1936 ein guter Tip für hungrige Reisende. Wenn Sie allerdings ein Steak-Freund sind und Spaß haben an kuriosen Ideen, warten Sie mit dem Essen noch 20 Meilen.

Krawatte an der Wand

Acht Meilen hinter Bono's Restaurant haben Sie in **Rancho Cucamonga** die Gelegenheit, das letzte **Route-66-Museum** auf Ihrer Reise zu besuchen. Durch Upland kommen Sie nach **Claremont** und dort auf eins der besterhaltenen Original-»66«-Stücke in Kalifornien. Die Straße, 1931 gebaut, ist hier vierspurig, mit Eukalyptusbäumen auf dem grünen Mittelstreifen.

Hinter **La Verne** halten Sie sich unbedingt links, sonst werden Sie auf die Interstate geleitet. 1,5 Meilen nach der Interstate-Auffahrt erreichen Sie auf dem

Foothill Boulevard **San Dimas** und dort das berühmte **Pinnacle Pete's Steak House**. Treten Sie nicht ein, wenn Sie eine Krawatte tragen. Die Binder von »Fremden«, die »over dressed« Pete's Steak House betreten haben, hängen abgeschnitten kunterbunt an der Wand.

In **Glendora** wird der Foothill Boulevard kurzfristig zur Alosta Avenue. Beachten Sie die zahlreichen Route-66-Motels entlang der Straße. Das **Golden Spur Restaurant** wurde bereits vor 70 Jahren von hungrigen Reisenden angesteuert. Heute beherbergt der geschichtsträchtige Bau ein Nobelrestaurant.

Kino im Freien

Kurz vor **Azusa** wird aus der Alosta Avenue abermals der Foothill Boulevard Wenn Sie es bis hierhin versäumt haben, bietet das **Foothill Drive-In Theater** eine letzte Gelegenheit, ein Freilichtkino zu besuchen. Die Filme sind neu, das Ambiente klassisch. Durch Irwindale, Duarte, Monrovia und Arcadia kommen Sie in die Vororte von Pasadena. Kurz vor der Stadt macht die Straße einen Rechtsschwenk und wird zum Colorado Place, anschließend zum Colorado Boulevard. Überlegen Sie sich, ob Sie in **Pasadena** nicht Ihren letzten Zwischenstopp einlegen. Die Motels sind hier etwas billiger als in Los Angeles, die Luft deutlich besser. Andererseits haben Sie bis zu Ihrem Ziel nur noch wenige Meilen zurückzulegen…

Kurz nachdem Sie die alte Post in Pasadena passiert haben, biegen Sie nach Inks auf den Arroyo Boulevard ab. An der Glenarm Street wird die Route 66 zum **Pasadena Freeway** (CA 110), der direkt nach **Los Angeles** führt. Verlassen Sie die Autobahn am **Sunset Boulevard**, halten Sie sich auf der Rampe links, fahren Sie links, um die Autobahn zu überqueren, dann rechts in die **Figueroa Street** und abermals rechts auf den Sunset Boulevard. Im Stadtteil **Hollywood** achten Sie auf die **Manzanita Street**, die zum **Santa Monica Boulevard** wird. Fahren Sie nach links auf diese Straße.

Die Fahrt endet am Pier

Jetzt können Sie sich zurücklehnen. denn auf dem Santa Monica Boulevard fahren Sie die letzten 15 Meilen Ihrer Reise immer geradeaus. Ein letzter Klassiker gefällig? **Barney's Beanery** erwartet Sie, wie seit 1920 Tausende und Abertausende vor Ihnen. Während es schwer ist, den Anfangspunkt der Route 66 genau zu bestimmen, gibt es um das Ende der Mother Road keinen Streit: Der Pier von **Santa Monica** ist der passende, kitischig-schöne Schlußpunkt für die berühmteste Straße der Welt. Und wer weiß, vielleicht ist, wenn Sie dort ankommen, das lange angekündigte **Route 66 Welcome Center** endlich geöffnet – die unwiderruflich letzte Chance, sich mit Route-66-Souvenirs einzudecken.

Entlang der Route 66 in Kalifornien

Barney's Beanery (Los Angeles) ■ A 8

Ein Route 66-Klassiker, der viele Höhen und Tiefen erlebt hat. Der umgebaute, zweistöckige Hollywood-Bungalow wurde 1920 eröffnet und schnell zum In-Treff der Stummfilm-Stars, die auf dem Weg zum Studio bei Barney Anthony das legendäre Chili probierten. In den 60ern machten hier die Rock'n'-Roll-Musiker von L.A. die Nacht zum Tage, und auf sie folgten die Hell's Angels, die Barney's Beanery in argen Verruf brachten. Heute ist der Uralt-Laden hauptsächlich berühmt für seine Auswahl von 200 Bieren und eine riesige Speisekarte im Zeitungsformat.
8447 Santa Monica Blvd.
Los Angeles
Tel. 213-654-2287
Tgl. 10–2 Uhr
Mittlere Preisklasse

Needles ■ C 7

Die heißeste Stadt Amerikas lebte zunächst von der Eisenbahn, später von den Route-66-Reisenden. Heute ist Needles ein eher verlassenes Nest, in dem allerdings traditionsreiche Motels und Restaurants an allen Ecken und Enden an die Hoch-Zeit der Stadt erinnern.

Das echte Route-66-Feeling ist Ihnen im **Hungry Bear Restaurant** (1906 Needles Highway, Telefon 619-326-2988, tgl. 5.30–21 Uhr, Mittlere Preisklasse) ebenso sicher wie im **Old Trails Inn** (304 Broadway, Tel. 619-326-3523, Mittlere Preisklasse). Die Herberge, in den 20er Jahren gebaut und zu den besten Zeiten der Route als Palms Motel berühmt, wurde 1991 behutsam renoviert.

Route 66 Museum (Rancho Cucamonga) ■ A 8

Das kalifornische Route-66-Museum ist sicherlich nicht das beste entlang der 4000-Kilometer-Strecke, es hat aber, zumindest bis das Route 66 Welcome -Center in Santa Monica eröffnet, den unbestreitbaren Vorteil, die letzte Ausstellung zum Thema zu bieten. Der Eintritt ist frei, insofern lohnt sich zumindest eine Stippvisite. Als bislang einziges Route-66-Museum ist dieses übrigens im Internet vertreten (http://www.citivu.com/rc/rte66/rte66.html).
Thomas Winery Plaza (Foothill Blvd./Vineyard Ave.)
Rancho Cucamonga
Tel. 909-948-9166.
Di–Fr 12–16 Uhr,
Sa und So 11–15 Uhr
Eintritt frei

Pasadena ■ A 8

Selbstbewußt behauptet die Verwaltung von Pasadena, daß diese Stadt die schönste im Großraum Los Angeles ist. Pasadena tut alles, um dieses Image zu pflegen. In den malerischen Gäßchen der Altstadt und auf der von Bäumen gesäumten **Lake Avenue** liegen 530 Restaurants und eine riesige Auswahl an Geschäften. Bekannt ist Pasadena jedoch hauptsächlich als Rosenstadt. Die **Tournament of Roses Parade** im Januar wird in allen Staaten im Fernsehen übertragen. In den Tagen rund um dieses Ereignis ist es schier unmöglich, in Pasadena eins der 2300 Zimmer zu ergattern, außerhalb dieser Zeit sind Reservierungen zumindest empfohlen (z. B. **Econo Lodge East**, 2860 East Colorado Blvd., Tel. 818-792-3700, Mittlere Preisklasse) oder für den schieren Luxus das **Ritz-Carlton Huntington Hotel**, (1401 South Oak Knoll, Tel. 818-568-3900, Luxusklasse). Zu den Attraktionen dieser spürbar reichen Stadt gehört das **Norton Simon Museum of Art** (411 W. Colorado Blvd., Tel. 818-449-6840, Di–So 12–18 Uhr, Erwachsene 4 $, Senioren und Studenten 2 $, Kinder unter 12 Jahren frei) mit einer europäischen Kunstsammlung aus sieben Jahrhunderten und das **California Institute of Technology** (551 South Hill Ave., Tel. 818-395-6327, Touren Mo–Fr 14 Uhr ab 315 South Hill Ave.), das bisher nicht weniger als 22 Nobelpreisträger hervorgebracht hat, sowie die **Rose Bowl** (1001 Rose Bowl Dr., Tel. 818-577-3106, Mo–Fr 9–16 Uhr, Eintritt frei), das vielleicht berühmteste Stadion der Welt mit seinen mehr als 100 000 Sitzplätzen, in dem bisher fünfmal der Superbowl ausgespielt wurde. Hier fand übrigens auch das Endspiel der Fußball-Weltmeisterschaft 1994 statt-fand.

Pasadena Convention and Visitors Bureau
171 South Los Robles Ave.
Pasadena CA. 91101
Tel. 818-795-9311

Pinnacle Pete's Steak House (San Dimas) ■ A 8
Dieses berühmt-berüchtigte Lokal sollte niemand betreten, der einen Schlips trägt. Was das Management von überkandidelt gekleideten Besuchern hält, zeigt das Sammelsurium von abgeschnittenen Bindern an der Wand. Hat man die Hürde der Kleiderordnung genommen, erwarten einen bei Pinnacle Pete köstliche Steaks.
269 West Foothill Blvd.
San Dimas
Tel. 909-599-5312
So–Do 17–21 Uhr, Fr und Sa 17–22 Uhr
Mittlere Preisklasse

San Bernardino ■ A 8
Der Besuch in San Bernardino ist vor allem im September ein Muß, wenn dort das alljährliche »Route 66 Rendezvous«-Festival gefeiert wird und sich unter anderem ein Korso von Oldtimern durch die Straßen schlängelt und knapp 200 000 Besucher anlockt. Aber auch sonst präsentiert sich San Bernardino als sympathische Stadt, die zwar nicht reich an Attraktionen ist, in der es aber Spaß macht, einen Nachmittag zu verbringen. Aufgrund der Nähe zu Los Angeles könnte es sich zudem anbieten, hier die letzte Zwischenübernachtung vor Los Angeles einzuplanen (z. B. **Super 8 Motel**, 777 W. 6th Street, Tel. 909-889-3561, Mittlere Preisklasse). Ein Besuch in der **Carousel Mall** (295 Carousel Mall, Tel. 909-884-0106) mit ihren 100 Geschäften bietet die ideale Gelegenheit, Koffer und Taschen für die zahlreichen Souvenirs zu kaufen, die sich sicherlich inzwischen angesammelt haben. Besonders interessant ist der Downtown-Bereich von San Bernardino am Freitagabend (von April–Okt.), wenn sich der **Court Street Square** in einen Open-air-Markt mit Live-Musik verwandelt.

Wigwam Village Motel (Rialto) ■ A 8
Wer das annähernd baugleiche Wigwam-Dorf in Holbrook, Arizona, verpaßt hat, bekommt hier seine zweite Chance auf eine Nacht im Tipi. Wie bei dem Wigwam-Motel in Arizona gilt: In den Zelten verbergen sich ganz normale (natürlich etwas kleinere) Motelzimmer mit allen Annehmlichkeiten, die der Reisende so braucht.
2728 W. Foothill Blvd., Rialto
Tel. 909-875-0241
14 Zimmer
Untere Preisklasse

Auskunft

**California Historic Route 66
Association** ■ A 8
2127 A Foothill Blvd., Suite 66
La Verne, CA 91750

**Historic Route 66 Association of
Arizona** ■ D 7
P.O. Box 66
Kingman, AZ 86402

**Kansas Historic Route 66
Association** ■ Q 5
P.O. Box 160
Riverton, KS 66770

**New Mexico Route 66
Association** ■ H 8
1415 Central NE
Albuquerque, NM 87106

**Old Route 66 Association of
Texas** ■ M 7
P.O. Box 66
McLean, TX 79057

**Oklahoma Route 66
Association** ■ P 7
901 Manvel Ave.
Chandler, OK 74834

**Historic Route 66 Association,
Oklahoma** ■ P 6
P.O. Box 4782
Tulsa, OK 74159

**Route 66 Association of
Illinois** ■ T 3
2743 Veterans Parkway, Suite 166
Springfield, IL 62704

**Route 66 Association of
Missouri** ■ S 4/T 4
P.O. Box 8117
St. Louis, MO 63156

Fremdenverkehrsämter

Arizona Office of Tourism
1100 W. Washington
Phoenix, AZ 85007
Tel. 602-542-8682
Fax 602-542-4068

Arizona Office of Tourism
c/o Lange Touristik-Dienst
Postfach 200247
63469 Maintal 2
Tel. 06109/61598
Fax 06181/497558

**California Trade and Commerce
Agency**
Division Of Tourism
801 K Street, Suite 1600
Sacramento, CA 95814
Tel. 916-322-2881
Fax 916-322-3402

Illinois Bureau of Tourism ■ U 1
100 West Randolph, Suite 3-400
Chicago, IL 60601
Tel. 312-814-2350
Fax 312-814-6175

Illinois Bureau of Tourism
Scheidswaldstraße 73
60385 Frankfurt
Tel. 069/443353
Fax 069/439631

Missouri Division of Tourism ■ R 4
Truman State Office Building
P.O. Box 1055
Jefferson City, MO 65102
Tel. 314-751-4133

**New Mexico Department of
Tourism** ■ I 7
P.O. Box 2003
Santa Fe, NM 87503-2003
Tel. 1-800-545-2040

New Mexico Tourism Information
Liefenroth 25
51645 Gummersbach

Tel. 02261/979057
Fax 02261/979055

**Oklahoma Tourism and
Recreation Department**   ■ O 7
Travel and Tourism Division
2401 N. Lincoln Blvd.
505 Will Rogers Building
Oklahoma City, OK 73105
Tel. 405-521-3981

Texas Department of Commerce
Tourism Division
P.O.-Box 12728
Austin, TX 78711-2728
Tel. 512-462-9191
Fax 512-320-9456

Diplomatische Vertretungen

**Botschaft der Bundesrepublik
Deutschland**
4645 Reservoir Rd. N.W.
Washington D.C. 20007-1998
Tel. 202-298-8140

Botschaft der Republik Österreich
2343 Massachussetts Ave.
N.W., Washington, D.C. 20008-2803
Tel. 202-745-4474

Botschaft der Schweiz
2900 Cathedral Ave.
N.W., Washington D.C. 20008-3405
Tel. 202-745-7900

Feiertage

1. Jan.	New Year's Day
3. Mo im Feb.	Washington's Birthday
Letzter Mo im Mai	Memorial Day
4. Juli	Independence Day
1. Mo im Sept.	Labor Day
2. Mo im Okt.	Columbus Day
3. Nov.	Veteran's Day
4. Do im Nov.	Thanksgiving
25. Dez.	Christmas Day

Fernsehen und Radio

Zusätzlich zu den drei überregionalen Fernsehgesellschaften **ABC**, **CBS** und **NBC** gibt es unzählige lokale Sender und Spartenkanäle. **CNN** sendet rund um die Uhr Nachrichten, der **Weather Channel** nichts als Wettervorhersagen und der **Court Channel** hat sich der Gerichtsberichterstattung verschrieben. Beliebte Pay-TV-Sender (vergleichbar dem deutschen Premiere oder dem schweizerischen Teleclub) sind **ESPN** (Sport), **HBO** (Spielfilme) und **USA** (Unterhaltung, Spielfilme). Hotels werben mitunter mit »free HBO/ESPN«, also kostenlosem Pay-TV-Empfang auf dem Zimmer. Radiosender im UKW-Bereich konzentrieren sich überwiegend auf Musik, Nachrichten sind Mangelware. Für das richtige Route-66-Feeling suchen Sie sich am besten in jeder Stadt einen Oldie-Sender heraus. Zwar hat fast jede noch so kleine Stadt einen Radiosender, die Reichweite dieser Mini-Stationen beträgt aber oft nur wenige Meilen.

Geld

Der amerikanische **Dollar** (Buck, Greenback) ist in 100 Cents unterteilt. Als Münzen sind 1-Cent-Stücke, 5-Cent-Stücke (Nickel), 10-Cent-Stücke (Dime), 25-Cent-Stücke (Quarter), seltener 50-Cent-Stücke und 1-Dollar-Stücke im Umlauf. Die leicht zu verwechselnden Scheine zu 1, 5, 10, 20, 50, 100 und 1000 $ sind alle gleich groß und grün. Nach und nach sollen die betagten Banknoten durch neue, fälschungssichere Exemplare (unter anderem mit Hologramm) ersetzt werden. Besonders in ländlichen Regionen werden 100-Dollar-Noten mitunter nicht angenommen. **Reiseschecks** (Travelerschecks) sind in den USA so gut wie Bargeld, vorausgesetzt, sie sind in Dollar ausgestellt. Geschäfte akzeptieren mitunter keine Schecks im Nennwert von mehr als 50 $.

Die gängigsten **Kreditkarten** sind Visa, Mastercard/Eurocard sowie American Express. Hotels, Mietwagenfirmen und Ärzte verlangen die Vorlage einer Kreditkarte als Sicherheit. Mit Kreditkarten läßt sich an amerikanischen Geldautomaten Bargeld »ziehen«. Gegen Vorlage der Karte und eines Personalausweises zahlen auch Banken Bargeld auf Kreditkarten aus (»Cash Advance«).

Mit **Eurocheques** ist in den USA nichts anzufangen, allerdings akzeptieren US-Bargeldautomaten die EC-Karten internationaler Kreditinstitute, die in Europa tätig sind. Der Wechselkurs für den US-Dollar lag im Mai 1996 bei 1,50 DM.

Kleidung

Lockere und bequeme Kleidung ist in den USA für fast jeden Anlaß angemessen. Als Standard für jede Gelegenheit bieten sich Jeans an, nur einige wenige Restaurants verlangen Abendgarderobe (»formal wear« oder »formal attire«). Da auf der Route 66 von Wüste bis Hochgebirge alle Klima-Varianten vertreten sind, gehören wärmere Kleidungsstücke ebenso wie leichte Hemden und T-Shirts ins Gepäck. Die amerikanischen Klimaanlagen verbreiten in öffentlichen Gebäuden oft eine empfindliche Kälte, auf die man durch Mitführen einer leichten Jacke vorbereitet sein sollte.

Größenangaben:
(Die in Klammern angegebenen Größen beziehen sich auf die USA)

Herrenanzüge
Größe 46 (36), 48 (38), 50 (40), 52 (42), 54 (44), 56 (46), 58 (48)

Wechselkurs-Umrechnungstabelle

$	DM	sFr	ÖS
0,5	0,75	0,62	5,25
1	1,50	1,25	10,50
2	3,00	2,50	21,00
5	7,50	6,25	52,50
10	15,00	12,50	105,00
20	30,00	25,00	210,00
30	45,00	37,50	315,00
50	75,00	62,50	525,00
100	150,00	125,00	1050,00
250	375,00	312,50	2625,00
500	750,00	625,00	5250,00

Stand: Mai 1996

Hemden

Größe 36 (14), 37 (14 1/2), 38 (15),
39 (15 1/2), 40 (15 1/2), 41 (16), 42
(16 1/2), 43 (17)

Kleider und Kostüme

Größe 38 (10), 40 (12), 42 (14),
44 (16), 46 (18), 48 (20)

Damenschuhe

Größe 36 (5 1/2), 37 (6), 38 (7),
39 (7 1/2), 40 (8 1/2), 41 (9)

Herrenschuhe

Größe 39 (6 1/2), 40 (7 1/2), 41
(8 1/2), 42 (9), 43 (10), 44 (10 1/2),
45 (11)

Maßeinheiten

Das metrische System hat sich,
um es höflich zu formulieren, in den
USA noch nicht allzu gut durch-
gesetzt. Reisende werden deshalb
ständig mit ungewohnten Maßein-
heiten konfrontiert:

Längen

1 inch (in) = 2,54 cm
1 foot (ft) = 30,48 cm
1 yard (yd) = 91,44 cm
1 mile (mi) = 1,609 km

Flächen

1 square foot (sq.ft.) = 0,0929 qm
1 square yard (sq.yd.) = 0,836 qm
1 square mile (sq.mi.) = 2,59 qkm
1 acre = 0,4047 ha

Flüssigkeiten

1 fluid ounce (fl.oz.) = 29,57 ml
1 pint (pt) = 0,47 l
1 quart (qt) = 0,95 l
1 gallon (gal) = 3,79 l

Gewichte

1 ounce (oz) = 28,35 g
1 pound (lb) = 453,59 g

Medizinische Versorgung

Die medizinische Versorgung in den
USA ist gut, aber teuer. Deshalb
empfiehlt sich, wie bei jeder Amerikareise, auch für die Tour auf der
Route 66 der Abschluß einer Aus-
landsreise-Krankenversicherung,
da deutsche Krankenkassen in den
USA anfallende Arzt- und Medi-
kamentenkosten nicht übernehmen.
Trotz Auslandsreise-Krankenversi-
cherung müssen Sie im Fall der
Fälle in Vorkasse treten. Heben Sie
Quittungen und Belege auf, und
reichen Sie diese nach Rückkehr
Ihrem Versicherer zur Erstattung ein.
   Supermärkte oder Drugstores mit
dem Zeichen »pharmacy« verkaufen
rezeptpflichtige Arzneien (prescrip-
tion drugs). Die Bandbreite der nicht
verschreibungspflichtigen Medi-
kamente ist für europäische Maß-
stäbe enorm.

Notruf

Polizei, Feuerwehr und Rettungs-
dienste sind einheitlich unter der
Notruf-Nummer 9 11 zu erreichen.
Auch die Vermittler (»operator«) der
Telefongesellschaften, die durch
Drücken der Taste »0« zu erreichen
sind, versuchen, einen Notruf an die
richtige Stelle weiterzuleiten.

Post

Postkarten nach Übersee kosten
40 Cents, Briefe 50 Cents und sind
etwa eine Woche unterwegs. Brief-
marken kauft man am besten direkt
bei der Post, aus den von privaten
Anbietern aufgestellten Automaten
bekommt man nur etwa die Hälfte
des eingeworfenen Geldes in Brief-
marken zurück, deren Stückelung
zudem für internationale Post unge-
eignet ist.

Reisedokumente

Für Reisen in die USA, die nicht länger als drei Monate dauern, reicht ein Reisepaß aus, der noch drei Monate über den Abflugtermin hinaus gültig sein muß. Für längere Aufenthalte in den USA muß nach wie vor ein Visum beantragt werden.

Rundfunk

Das deutschsprachige Hörfunkprogramm der Deutschen Welle ist in den USA auf vielen Kurzwellenfrequenzen zu empfangen. Auskünfte erteilt die Deutsche Welle, Öffentlichkeitsarbeit, Postfach 100444, 50588 Köln, Tel. 0221/3890.

Stromspannung

Die USA verfügen über ein 110-Volt-Wechselstromnetz von 60 Hertz. Europäische Geräte arbeiten mit 220 Volt – nur mit Spannungsumschalter zu benutzen.

Telefon

Eine amerikanische Telefonnummer besteht grundsätzlich aus der dreiziffrigen Vorwahl (»area code«) und der siebenstelligen Rufnummer. Um vom lokalen ins überregionale Netz zu gelangen, muß eine »1« vor der eigentlichen Rufnummer gewählt werden. Bei Problemen hilft der Operator, der durch Eingabe einer »0« erreicht wird.

Ferngespräche sind in den USA deutlich billiger als in Europa. An vielen öffentlichen Telefonen außerhalb der Ballungsräume werden drei oder gar vier Minuten irgendwohin in die USA für einen Dollar (4 x 25 Cent) angeboten. Telefonnummern mit »800« als Vorwahl sind kostenlos. Für Gespräche nach Übersee empfiehlt sich eine Calling Card, eine Art Kreditkarte nur fürs Telefon. Die Kartennummer wird dem Operator genannt, der daraufhin Ihr Konto mit dem Telefongespräch belastet.

Am verbreitetsten ist die kostenlose Calling Card von At&T (Informa-

Die Staßenmauern in Hollywood sind riesige Leinwände für Pop-Art-Künstler

tionen in Deutschland unter 0130/ 83 88 88). Immer häufiger bekommen Kreditkarten-Kunden automatisch eine Calling Card angeboten. Aber Vorsicht: Wer die von Ihnen dem Operator genannte Kartennummer mithört, besitzt gewissermaßen eine Kopie der Originalkarte und kann nun auf Ihre Kosten telefonieren.

Temperatur

Herr Fahrenheit, der Erfinder der amerikanischen Temperatur-Maßeinheit, definierte sein System, indem er zunächst seine Körpertemperatur maß, das Ergebnis als 100 Grad Fahrenheit festlegte (woraus zu folgern ist, daß Mr. Fahrenheit leichtes Fieber hatte) und anschließend auf den nach seiner Meinung kältestmöglichen Wintertag wartete und diese Temperatur als 0 Grad Fahrenheit bezeichnete. Seitdem gehört es zu den größten Herausforderungen, Celsius-Grade in Fahrenheit-Grade umzurechnen.

Trinkgeld

Weil Taxifahrer und Bedienungen in Restaurants niedrige Grundgehälter bekommen, ist es ungeschriebenes Gesetz, ein Trinkgeld (»tip«) mindestens in Höhe von 15 Prozent der Rechnung zu geben. Inzwischen hält auch jeder andere Dienstleister die Hand auf. Kofferträger erhalten üblicherweise einen Dollar pro Gepäckstück, Zimmermädchen einen Dollar pro Tag.

Umsatzsteuer

In den USA sind alle Güter (außer Benzin) mit Netto-Preisen ausgezeichnet. An der Kasse wird eine Umsatzsteuer (»sales-tax«) addiert, die je nach Bundesstaat variiert.

Zeit

Auf der Tour von Chicago nach Los Angeles durchfährt der Reisende drei Zeitzonen. Von Chicago bis einschließlich Texas ist er in der **Central Time Zone** unterwegs (MEZ minus 7 Std.), von New Mexico bis einschließlich Arizona in der **Mountain Time Zone** (MEZ minus 8 Std.) und in Kalifornien in der **Pacific Time Zone** (MEZ minus 9 Std.). Arizona beteiligt sich nicht an der Sommerzeit.

Zeitungen

Die bekanntesten überregionalen Zeitungen sind die im Boulevard-Stil aufgemachte **USA Today** sowie die seriöser auftretenden Blätter **Los Angeles Times**, **New York Times** und das **Wall Street Journal**. Weil amerikanische Zeitungen nur ein paar Cent kosten, ist es sinnvoll, sich in jeder Stadt ein Exemplar der lokalen Presse zu kaufen, zum Beispiel, um über die regionalen Veranstaltungen informiert zu sein.

Zoll

Besucher dürfen in die USA außer ihrem Reisegepäck zollfreie Waren im Wert von 100 $ einführen sowie zusätzlich 200 Zigaretten und 1 l Spirtuosen oder 2 l Wein (Personen über 21 Jahre). Mehr als 10 000 $ an Bargeld gleich welcher Währung müssen deklariert werden. In die USA dürfen keine frischen Lebensmittel oder landwirtschaftliche Erzeugnisse (Obst, Gemüse, Wurst, belegte Brote, etc.) eingeführt werden. Aus den USA nach Deutschland dürfen pro Person Waren im Wert bis zu 350 DM und zusätzlich 200 Zigaretten, 500 g Kaffee, 50 g Parfüm und 1 l Spirituosen oder 2 l Wein eingeführt werden.

etwa 10 000 v. Chr.
Über die zugefrorene Bering-Straße erfolgt aus Asien eine Zuwanderungswelle nach Amerika.

etwa 1000 n. Chr.
Wikinger siedeln auf der kanadischen Insel Neufundland.

1492
Christoph Kolumbus »endeckt« Amerika.

1606
Vergabe der Gründungscharta für die erste englische Siedlung in Virginia.

1776
Die 13 amerikanischen Kolonien an der Ostküste erklären ihre Unabhängigkeit von Großbritannien.

1789
George Washington wird erster amerikanischer Präsident (bis 1797).

1803
Im »Louisiana Purchase« kauften die USA den Spaniern das spätere Louisiana und Missouri ab.

1818
Illinois wird zum 21. amerikanischen Bundesstaat.

1821
Das spätere New Mexico geht in den Besitz Mexikos über. Mit der Unabhängigkeit Mexikos von Spanien werden Texas und Kalifornien mexikanisch.

1824
Missouri wird zum 24. Bundesstaat der USA.

1836
Texas erklärt sich für unabhängig von Mexico.

1845
Texas wird zum 28. Bundesstaat der USA. Dies führt zum mexikanischen Krieg (bis 1848) zwischen den Vereinigten Staaten und Mexiko.

1848
Die USA annektieren New Mexico.

1848
Amerikaner in Kalifornien erklären das Land für unabhängig von Mexiko.

1848
Mexiko tritt Kalifornien an die USA ab. Goldrausch in Kalifornien.

1850
Kalifornien tritt als 31. Staat der Union bei.

1861
Kansas wird 34. Bundesstaat der USA. Beginn des Bürgerkriegs zwischen Nord- und Südstaaten.

1863
Arizona wird als amerikanisches Territorium organisiert.

1865
Die Nordstaaten gewinnen den Bürgerkrieg, der das Leben von 620 000 Soldaten forderte.

1901
Entdeckung riesiger Erdölvorkommen im texanischen Beaumont.

1907
Oklahoma wird zum 46. amerikanischen Bundesstaat.

1912
New Mexico wird zum 47. Bundesstaat der USA. Arizona wird der 48. amerikanische Bundesstaat.

1920 bis 1933

Prohibition in den Vereinigten Staaten. In Chicago sind skrupellose Banden Nutznießer des Alkoholverbotes. Al Capone wird zum Gangsterboß in der verrufensten Stadt Amerikas.

1926

Am 26. November erhält die erste transkontinentale Verbindung von Chicago nach Los Angeles den Namen Route 66.

1934

Verheerende Sandstürme, Trockenheit sowie die andauernde Wirtschaftskrise treiben die Bewohner von Oklahoma scharenweise über die Route 66 nach Kalifornien. Ihr Motto: »California or bust«.

1939

John Steinbeck veröffentlich den Roman »Die Früchte des Zorns«, in dem er die Odyssee der Familie Joad von Oklahoma nach Kalifornien beschreibt. Steinbeck nennt die Route 66 »Mother Road« – der Ausdruck setzt sich im amerikanischen Bewußtsein fest. Der Highway wird zur »Hauptstraße Amerikas«.

1946

Der Musiker Bobby Troup veröffentlicht nach einer Reise von Chicago nach Los Angeles den Song »Get Your Kicks on Route 66«. Das Lied wird, besonders in der Version von Nat »King« Cole, zur Hymne der Go-Westler.

1956

Mit dem Interstate Highway Act beginnt das langsame Sterben der Route 66 als Hauptverkehrsader zwischen Los Angeles und Chicago. Per Gesetz soll die Straße nach und nach durch mehrspurige Autobahnen ersetzt werden.

1963

Trotz des Interstate Highway Act wird die Route 66 in den USA so populär, daß ihr eine eigene Fernsehserie gewidmet wird.

1985

Mit der Eröffnung des letzten Teilstücks der I 40 bei Williams/Arizona besteht eine ununterbrochene Interstate-Verbindung von Chicago nach Los Angeles. Allerdings bedurfte es fünf Interstates (I-55, I-44, I-40, I-15 und I-10), um die Route 66 zu ersetzen. Die Entscheidung, den alten Highway 66 aufzulösen, löst eine ungeheure Nostalgiewelle aus. In allen acht Bundesstaaten, durch die die berühmteste Straße der Welt führte, entstehen Route 66 Associations, die anstelle der abmontierten Original-Highway-Schilder nun »Historic Route 66«-Hinweise aufstellen.

1995

Als erster Bundesstaat an der Route 66 ersetzt Illinois entlang der kompletten Strecke die Hinweisschilder »Historic Route 66« durch detaillierte Wegweiser.

1995

Am 19. April sprengt ein Attentäter das F.-Murrah-Verwaltungsgebäude in Oklahoma City. Fast 200 Menschen kommen ums Leben. Die Stadt auf der Route 66, bisher eher links liegengelassen, erlangt einen dubiosen Ruhm.

1995

In Clinton wird das bislang letzte Route-66-Museum eröffnet. Ein weiteres am Pier von Santa Monica ist im Bau.

WICHTIGE INFORMATIONEN

An unsere Leserinnen und Leser:

Wir freuen uns, Ihre Meinung zu diesem Reiseführer zu erfahren. Bitte schreiben Sie uns, wenn Sie Berichtigungen und Ergänzungsvorschläge haben oder wenn Ihnen etwas besonders gut gefällt:

Gräfe und Unzer Verlag
Reiseredaktion
Stichwort: MERIAN live!
Postfach 40 07 09
Isabellastraße 32
80707 München

Lektorat: Andrea Scharl
Bildredaktion: Christof Klocker
Kartenredaktion:
Reinhard Piontkowski

Gestaltung: Ludwig Kaiser
Umschlagfoto: U. Wiesmeier/look
Karten: Kartographie Huber
Produktion: Helmut Giersberg
Satz: A. und M. Hubert
Druck und Bindung: Appl, Wemding
ISBN 3–7742–0466–7

Fotos
K. Chowanetz 9, 89, 95, Umschlagklappe vorne
H. Dressler/look 2, 4, 16, 41, 57, 61, 98, 100, 111
R. Hackenberg 5, 8, 12, 19, 24, 33, 35, 39, 54, 103
Ch. Heeb/look 10, 18, 21, 28, 30, 46, 51, 56, 62, 65, 67, 69, 71, 73, 76, 82, 84, 90, 105, 120
G. Lahr 26
R. Martini/look 7, 53
S. Neumann 79

Dieses Buch wurde auf chlorfrei gebleichtem Papier gedruckt

1. Auflage 1996
© Gräfe und Unzer Verlag GmbH, München